CB073027

receitas vegetarianas
para crianças

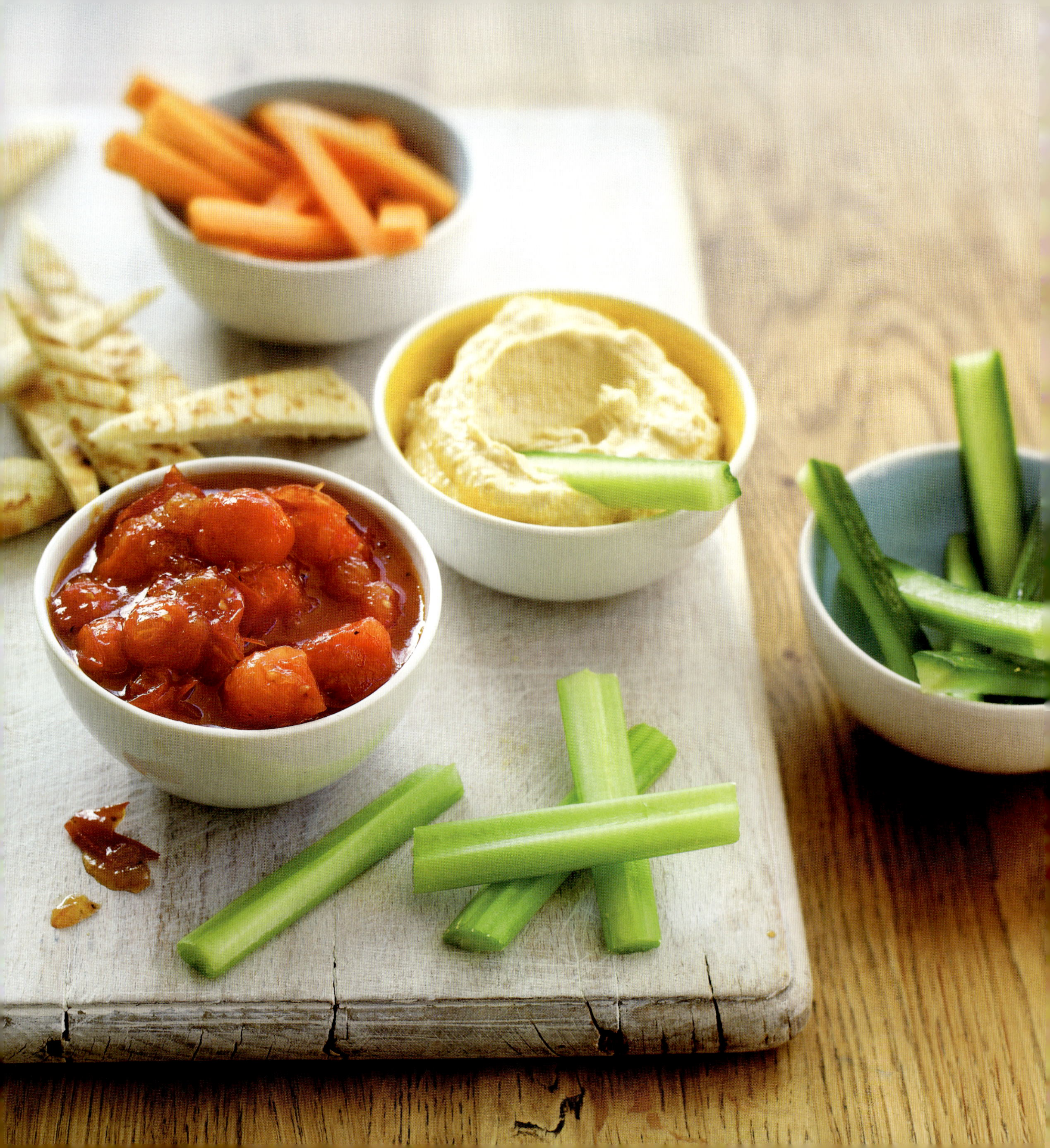

receitas vegetarianas para crianças

Pratos deliciosos e nutritivos para
uma alimentação sem carne

Laura Washburn
Fotos: Kate Whitaker

PubliFolha

Título original: *Vegetarian Food for Kids*

Publicado originalmente na Grã-Bretanha em 2011 por Ryland Peters & Small, 20-21 Jockey's Fields, WC1R 48W, Londres, Inglaterra, e nos Estados Unidos por Ryland Peters & Small, Inc., 519 Broadway, 5th Floor, Nova York, NY10012.

Copyright do texto © 2011 Laura Washburn
Copyright do projeto gráfico © 2011 Ryland Peters & Small
Copyright das fotos © 2011 Ryland Peters & Small
Copyright © 2015 Publifolha Editora Ltda.

Todos os direitos reservados. Nenhuma parte desta obra pode ser reproduzida, arquivada ou transmitida de nenhuma forma ou por nenhum meio sem a permissão expressa e por escrito da Publifolha Editora Ltda.

Proibida a comercialização fora do território brasileiro.

Coordenação do projeto: Publifolha
Editora-assistente: Fabiana Grazioli Medina
Coordenadora de produção gráfica: Mariana Metidieri
Produtora gráfica: Samantha R. Monteiro

Produção editorial: A2
Coordenação: Sandra R. F. Espilotro
Tradução: Bruno Alexander
Consultoria: Luana Budel
Preparação de texto: Carla Fortino
Revisão: Laila Guilherme, Carmen T. S. Costa

Edição original: Ryland Peters & Small
Produtora gráfica sênior: Megan Smith
Editora de produção sênior: Julia Charles
Diretora de produção: Patricia Harrington
Diretora de arte: Leslie Harrington
Diretora editorial: Alison Starling
Produção culinária: Sunil Vijayakar
Produção de objetos: Liz Belton
Indexação: Hilary Bird

Dados Internacionais de Catalogação na Publicação (CIP)
(Câmara Brasileira do Livro, SP, Brasil)

Washburn, Laura
    Receitas vegetarianas para crianças / Laura Washburn ; fotografias Kate Whitaker ; [tradução Bruno Alexander]. -- São Paulo : Publifolha, 2015.

    Título original: Vegetarian food for kids.
    ISBN 978-85-68684-12-2

    1. Crianças - Nutrição 2. Culinária (Receitas) 3. Culinária vegetariana I.Whitaker, Kate. II. Título.

15-06370   CDD-641.5636083

Índice para catálogo sistemático:
1. Receitas vegetarianas para crianças : Culinária 641.5636083

Este livro segue as regras do Acordo Ortográfico da Língua Portuguesa (1990), em vigor desde 1º de janeiro de 2009.

Impresso na Toppan Leefung, China.

PubliFolha

Divisão de Publicações do Grupo Folha
Al. Barão de Limeira, 401, 6º andar
CEP 01202-900, São Paulo, SP
Tel.: (11) 3224-2186/2187/2197
www.publifolha.com.br

SOBRE A AUTORA
Laura Ashburn nasceu em Los Angeles, cursou a Ecole de Cuisine La Varenne em Paris e hoje vive em Londres, onde dá aulas de culinária e escreve livros sobre o tema. Tem dois filhos, uma delas a vegetariana que a trouxe para o universo da alimentação sem carne.

SOBRE A FOTÓGRAFA
Kate Whitaker é uma das principais fotógrafas de culinária do mundo. Seu trabalho já foi publicado na revista do jornal *The Sunday Telegraph*, entre outros.

AGRADECIMENTOS DA AUTORA
Agradeço a todos os amigos que dividiram comigo as receitas e os alimentos vegetarianos favoritos de seus filhos, assim como às crianças que de bom grado testaram minhas criações. Obrigada também à dra. Helen Crawley, pelos conselhos nutricionais e por compartilhar seu diário alimentar vegetariano.

NOTAS DA AUTORA
- Os queijos produzidos a partir da renina animal não são adequados a vegetarianos. Informe-se sobre o queijo que vai comprar; ele deve ser feito com coalho não animal (microbiano).
- As medições são referentes a uma colher rasa, exceto se indicado diferentemente.
- Todos os ovos das receitas são médios, salvo indicação em contrário. Recomendamos a utilização de ovo caipira orgânico. O consumo de ovo cru ou malcozido pode causar danos à saúde e deve ser evitado, especialmente por crianças, idosos, grávidas e pessoas com o sistema imunológico comprometido.
- Quando a receita indicar raspas de frutas cítricas, compre produtos orgânicos e lave-os antes de usar. Se encontrar apenas frutas tratadas, esfregue-as bem com água e sabão e enxágue-as antes do uso.
- O forno deve ser preaquecido na temperatura indicada. As receitas foram testadas em um forno comum; no caso de forno ventilado, siga as instruções do fabricante.

NOTA DO EDITOR
Apesar de todos os cuidados tomados na elaboração das receitas deste livro, os editores não se responsabilizam por erros ou omissões decorrentes da preparação dos pratos.
Pessoas com restrições alimentares, grávidas, lactantes e crianças devem consultar um médico especialista sobre os ingredientes de cada receita antes de prepará-la. As fotos podem conter acompanhamentos ou ingredientes meramente ilustrativos.

Observações, exceto se indicado de outra forma:
- Use sempre ingredientes frescos.
- O forno deve ser preaquecido na temperatura indicada na receita.

Equivalência de medidas:
- 1 colher (chá) = 5 ml
- 1 colher (sopa) = 15 ml
- 1 xícara (chá) = 250 ml

Fôrmas:
As dimensões das fôrmas indicadas neste livro podem não corresponder com as disponíveis no Brasil. Caso não encontre, procure medidas aproximadas, sem diferenças muito grandes.

sumário

Estabeleça uma dieta saudável 6

Café da manhã 14

Lanches e lancheira 38

Sopas e pratos rápidos 62

Preferidos da criançada 84

Refeição em família 104

Índice 128

estabeleça uma dieta saudável

Vegetais nunca fizeram muito sucesso com meus filhos. Por isso, acho irônico escrever sobre comida vegetariana para crianças. Tudo começou quando minha filha de 10 anos anunciou que havia se tornado vegetariana. Na semana anterior a tal revelação bombástica, eu havia preparado várias refeições carnívoras para estocar no freezer – eu tinha um prazo apertado a cumprir no trabalho e sabia que meu tempo logo se tornaria escasso. Mas minha filha estava firme em seu compromisso e não se deixaria convencer a adiar a mudança por algumas semanas. O problema, então, passou a ser: como alimentá-la?

Era uma situação completamente nova, não sabia o que cozinhar. Existem vários livros de culinária vegetariana, porém todos eles me pareciam focados demais em adultos e pouco voltados para a família. Eu também estava preocupada com a questão nutricional. Não sou nutricionista, meu negócio é cozinhar. Embora entenda o básico de como proporcionar uma dieta saudável à minha família, não sabia muito bem como prover de maneira adequada uma criança vegetariana. Um grande desafio se apresentava: eu precisava descobrir como alimentar crianças vegetarianas e, ao mesmo tempo, encontrar inspiração para servir os carnívoros da família, enquanto minha filha tinha que aprender a comer aquilo que antes desprezava.

O resultado é este livro. Aprendi bastante sobre o básico da nutrição na dieta vegetariana, algo mais simples e óbvio do que imaginava. O mais complicado foi oferecer pratos que agradassem o paladar infantil e funcionassem para vegetarianos e não vegetarianos – todas as receitas foram criadas com isso em mente. Embora não haja menção a carne neste livro, a maioria das receitas pode ser servida com carnes, aves e peixes assados, salteados ou grelhados, conforme desejado, para oferecer refeições que agradem a todos.

OFEREÇA VARIEDADE

Esse é o primeiro ponto a considerar quando se pensa em comer bem. Independentemente do estilo de vida, o aspecto mais importante de uma dieta saudável é a variedade. É muito fácil cair na rotina, repetindo receitas em um ciclo limitado, em especial quando não sobra muito tempo para fazer compras e cozinhar. Não fui criada com dia certo para essa ou aquela comida, mas entendo as vantagens de simplesmente repetir alguns favoritos já testados e aprovados. Lembro-me de certa regularidade nas refeições da infância e sou culpada por perpetuar tal prática quando estou muito ocupada. A variedade não é uma opção fácil quando, na realidade da maioria das famílias, nunca sobra tempo. No entanto, é importante variar o que se oferece para garantir a ingestão adequada de nutrientes. Uma maneira de fazer isso é cozinhar com ingredientes da estação, o que também traz benefício econômico. Outra é experimentar diferentes pratos da culinária mundial. Com essa abordagem, escapar da rotina parece mais uma aventura do que um desafio. Afinal, a variedade é o tempero da vida!

OS PRINCÍPIOS DA BOA NUTRIÇÃO

Segundo as orientações vigentes para uma dieta saudável, é recomendável aumentar a ingestão de frutas e vegetais, diminuir o consumo de gordura saturada (encontrada principalmente em produtos de origem animal) e elevar o consumo de cereais integrais, entre outras coisas. Tudo isso é bastante compatível com uma dieta vegetariana, e a maioria das crianças que a seguem costuma ingerir uma boa quantidade de frutas e vegetais, o que é um verdadeiro bônus. Ao eliminar a carne da dieta, é preciso substituir os nutrientes de origem animal por equivalentes de origem vegetal. A carência de nutrientes é a principal preocupação dos pais de crianças vegetarianas, e nas páginas a seguir relaciono os principais nutrientes e suas respectivas fontes.

Página ao lado: Ingerir uma grande variedade de frutas e vegetais diariamente é essencial para uma dieta vegetariana saudável e balanceada.

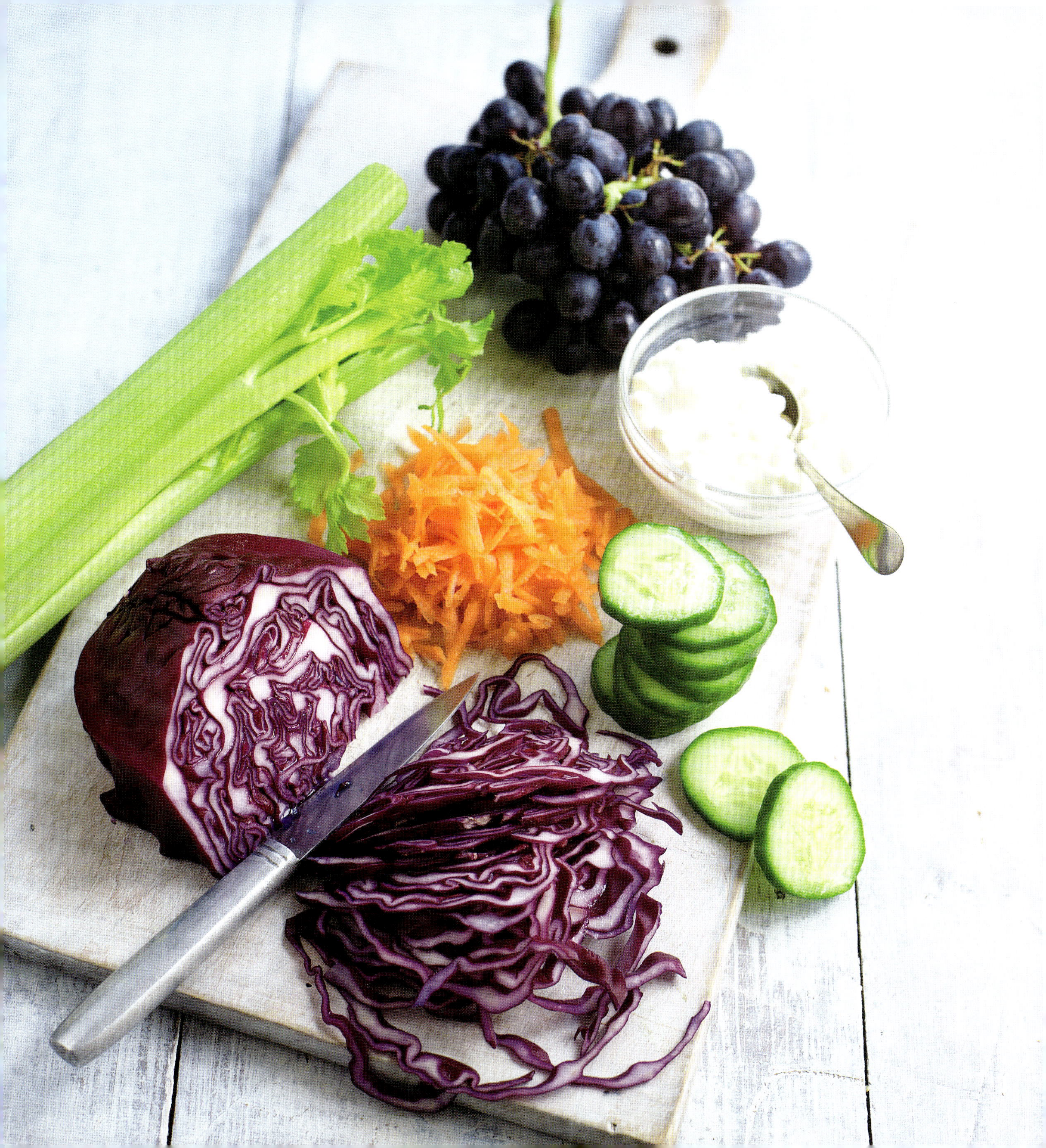

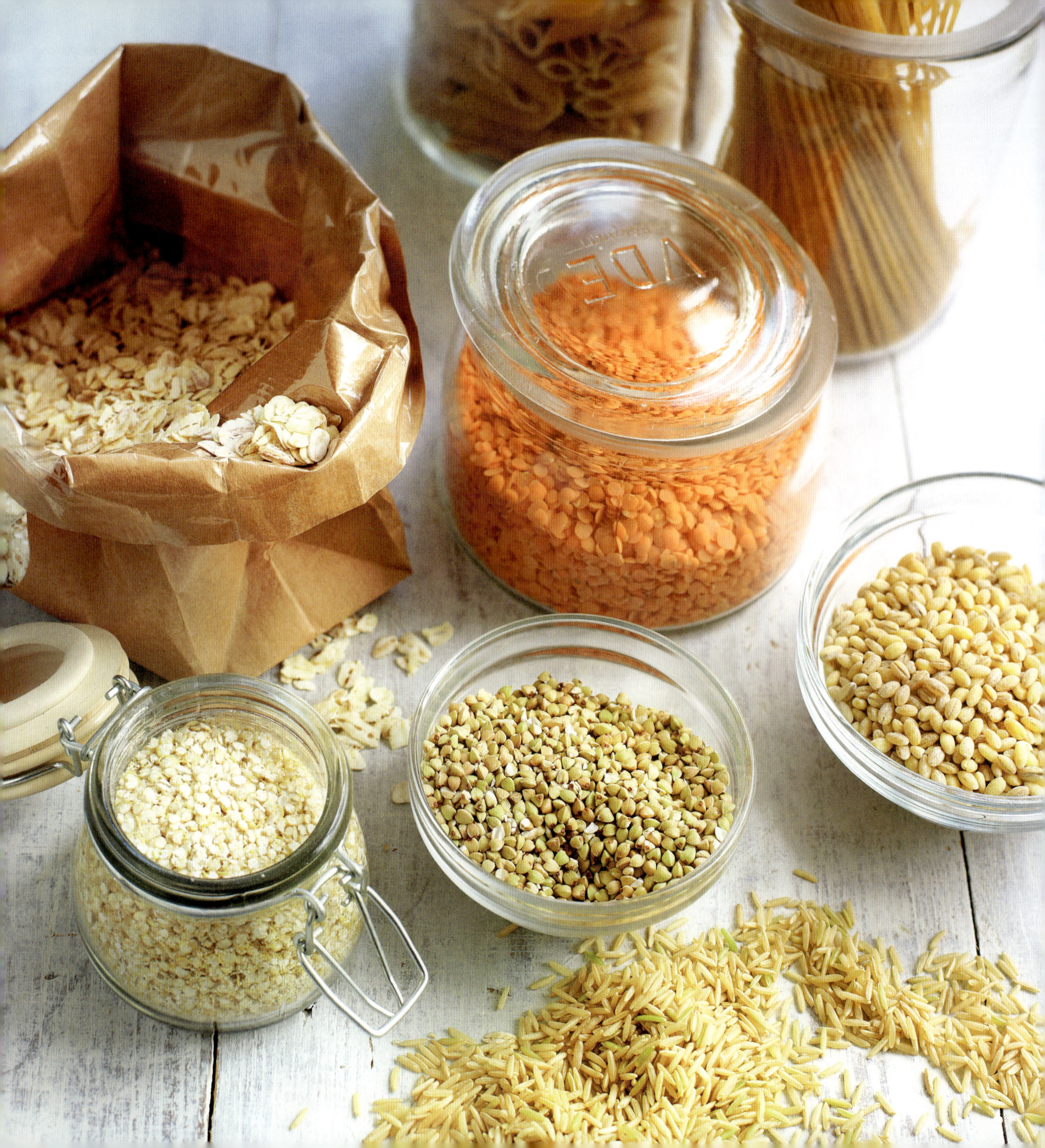

Proteína
Quando a carne sai de cena, há várias alternativas:
Leguminosas Entre elas estão as ervilhas, as lentilhas e os feijões, assim como o amendoim. Além de serem uma boa fonte de proteína, muitas também têm alto teor de outros nutrientes importantes, como ferro, zinco e cálcio.
Edamame, ervilha seca, feijão-branco, feijão-de-lima, feijão-rajado, feijão-vermelho, grão-de-bico, lentilhas
Substitutos da carne Muitos produtores oferecem alternativas à carne na forma de salsicha, patês, carne moída, hambúrguer etc. Alguns levam tofu (produto à base de soja); outros, proteína texturizada de soja. Há, ainda, os que são feitos de outras fontes vegetais, como Quorn (p. 13). Todos esses produtos podem contribuir para a inclusão de proteína na dieta, mas, como são processados, devem estar aliados a outras fontes de proteína vegetariana.
Laticínios Ovos, leite e queijo, claro. É muito fácil incluí-los na dieta das crianças. Na verdade, é tão fácil que eles podem acabar dominando. Vale lembrar que não é preciso ingerir laticínios em grande quantidade para obter uma grande quantidade de proteína; pequenas porções são suficientes para atender às necessidades nutricionais. Assim que passei a seguir a culinária vegetariana, achava difícil resistir à tentação de cobrir tudo com queijo ralado. Descobri que a solução era alternar receitas ocidentais e asiáticas. Com isso, a tentação e a abundância de queijo diminuíram. Repetindo, laticínios são uma ótima fonte de proteína para ser usada com moderação.
Oleaginosas, sementes e cereais integrais São uma boa fonte de proteína a que se pode recorrer sempre, devido à grande variedade de opções nessa categoria. Além de proteína, eles fornecem ácidos graxos essenciais (também conhecidos como "ômega") e contribuem para a ingestão de zinco, cálcio e ferro.
Amêndoa, arroz integral, arroz selvagem, aveia em flocos, avelã, castanha-de-caju, centeio, cevada, espelta, gérmen de trigo, nozes, milhete, quinoa, semente de abóbora, semente de gergelim, semente de girassol, trigo-sarraceno
Frutas e vegetais Os itens a seguir são uma boa fonte de proteína sempre que inclusos em uma dieta variada.
Abacaxi, agrião, alcachofra, alface, banana, batata, berinjela, beterraba, brócolis, cebola, cogumelo-de-paris, couve crespa, couve-de-bruxelas, couve-flor, ervilha, espinafre, folhas de nabo, grapefruit, inhame, laranja, maçã, mamão, melancia, melão, melão-cantalupo, morango, mostarda, pepino, pera, pêssego, pimentão verde, repolho, tangerina, tomate, uva

Ferro
A questão com o ferro em dietas vegetarianas não é a ausência desse nutriente em alimentos de origem vegetal. A dificuldade está na absorção do ferro dessas fontes. É daí que vem a ênfase em garantir o consumo de alimentos com alto teor de ferro. Para

Página ao lado: Cereais integrais são nutritivos, no entanto, para as crianças, prefira os orgânicos, garantindo, assim, o mínimo possível de pesticidas.

isso, basta seguir uma dieta diversificada, que inclua os seguintes alimentos: ervilhas e feijões secos, cereais, grãos integrais, folhas verde-escuras, lentilhas e frutas secas. Para auxiliar na absorção do ferro, consuma com alimentos ricos em vitamina C, como repolho, brócolis, morango, tomate e frutas cítricas.

Vitamina B12
Alimentos de origem animal, incluindo os laticínios, são a principal fonte desse nutriente. Assim, a carência de B12 é mais problemática para os veganos do que para os vegetarianos. Por isso, não deixe de incluir laticínios na dieta dos seus filhos. Outras fontes dessa vitamina são: extrato de levedura enriquecido, cereais e banhos de sol.

Zinco
Como no caso do ferro, é mais difícil absorver o zinco dos alimentos de origem vegetal. Ele está presente em cereais integrais, nas leguminosas, nas oleaginosas, no gérmen de trigo e no queijo.

Aminoácidos
Houve uma época em que se acreditava que a melhor maneira de o vegetariano garantir o consumo balanceado de aminoácidos, elemento constituinte da proteína, era associar grãos e leguminosas (como feijão e arroz). As orientações atuais sugerem que essa combinação não é tão vital como se pensava. O consumo de proteínas vegetais variadas ao longo do dia deve fornecer aminoácidos essenciais suficientes.

PRATO COLORIDO
Mesmo munido de alguns conceitos nutricionais básicos, pode ser um grande desafio adaptar a dieta infantil a algo que, embora mais bem-aceito, ainda não faz parte da cultura predominante no Ocidente. Uma boa maneira de garantir a diversidade e, portanto, nutrientes em uma dieta vegetariana é pensar todo prato como um arco-íris. Isso não é uma fórmula científica, mas uma boa diretriz. Se cada refeição dispuser de uma mistura equilibrada de cores, tenha certeza de que a quantidade de nutrientes será balanceada. Uma refeição monocromática pode consistir, por exemplo, em batata assada, pão com manteiga, iogurte e banana – todas ótimas opções isoladamente, porém não ideais quando combinadas. No entanto, um prato de arroz com homus, cenoura e tomate-cereja, iogurte e uvas verdes é igualmente simples e oferece um consumo nutricional mais balanceado.

PIRÂMIDE ALIMENTAR VEGETARIANA
A meu ver, o método mais simples de fornecer uma dieta vegetariana balanceada é seguir a Pirâmide Alimentar Vegetariana da American Dietetic Association [ADA, Associação Dietética Americana]. Basicamente, isso significa oferecer alimentos nas quantidades representadas por um diagrama de pirâmide, começando pela base, com ênfase em grãos, passando por leguminosas, oleaginosas e outros alimentos ricos em proteína, depois por verduras, legumes e frutas e tendo, no topo, em menor proporção, as gorduras.

TAMANHO DAS PORÇÕES
Uma preocupação frequente dos pais é saber se os filhos estão comendo os alimentos certos em quantidade suficiente. Na maioria dos casos, se não apresentam problemas de saúde fora do comum, é porque estão. Vale lembrar que a criança nem sempre precisa, em termos proporcionais, de tanta comida quanto o adulto. Mas quase toda regra tem exceção, e descobri que em momentos de rápido crescimento, como durante a puberdade, as crianças necessitam de porções bem grandes.

ALIMENTOS ORGÂNICOS
Os produtos da agricultura orgânica não são exclusividade dos vegetarianos, e uma dieta vegetariana também não indica que os alimentos sejam obrigatoriamente orgânicos. Não há evidências conclusivas acerca dos benefícios dos orgânicos à saúde, embora isso não diminua outras vantagens desses alimentos. Eles são importantes em uma dieta vegetariana – em especial para crianças e no que diz respeito a cereais integrais e a cascas de frutas e vegetais. O grão dos cereais integrais está

Página ao lado: Oleaginosas, sementes e cereais integrais são uma boa fonte de proteína a que se pode recorrer sempre, devido à grande variedade de opções nessa categoria.

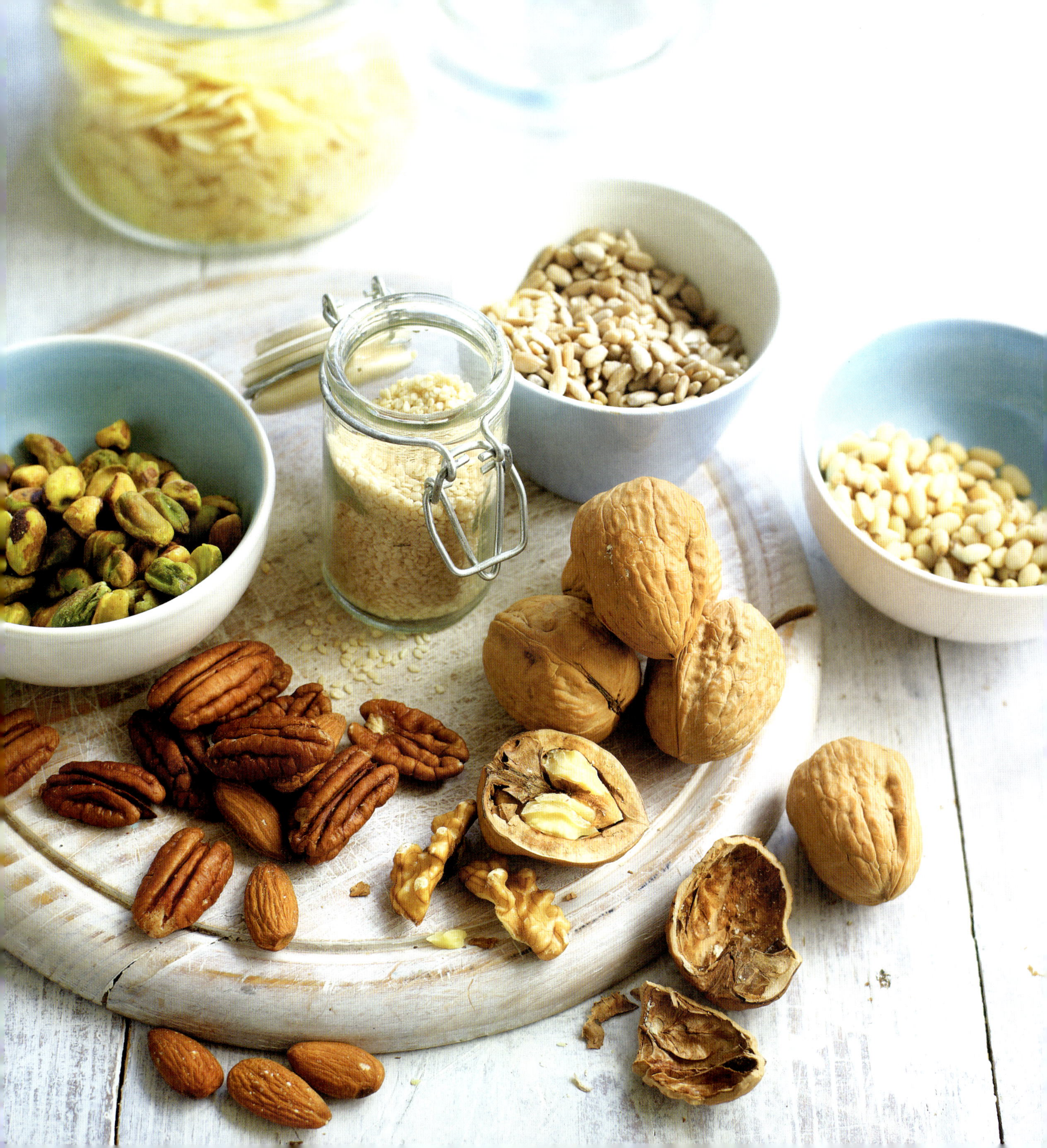

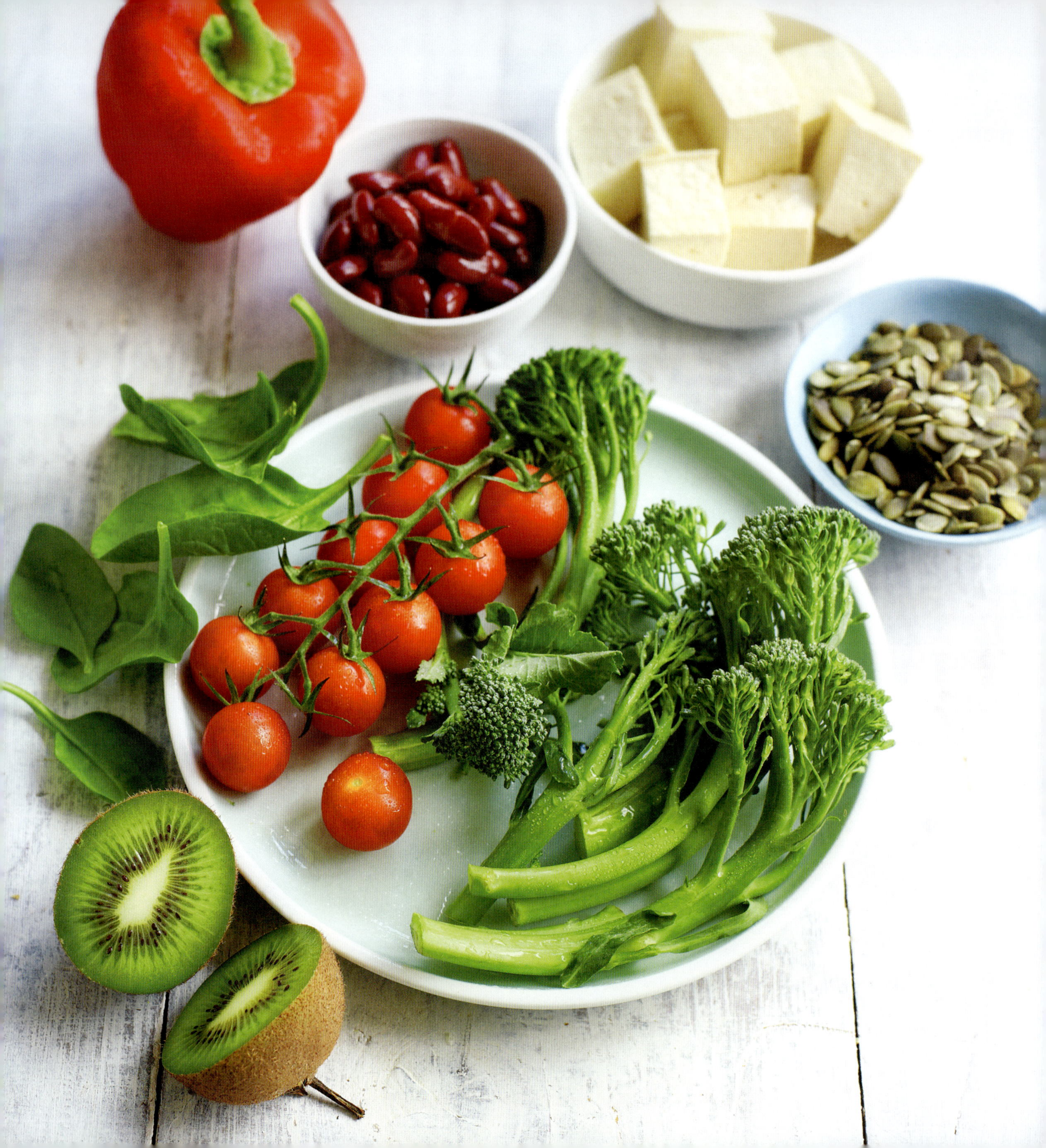

mais preservado, incluindo a superfície externa. Quando cultivados de forma não orgânica, são expostos a mais pesticidas e outros produtos químicos. Por se manterem mais intactos, os cereais integrais têm potencialmente mais desses produtos. Alimentos orgânicos não estão livres de pesticidas, uma vez que estes estão presentes no ambiente, porém a quantidade é menor. As crianças têm massa corporal menor do que os adultos – são, portanto, mais suscetíveis ao teor de tudo o que consomem, seja o que for. Como os cereais integrais têm maior valor nutritivo, faz sentido oferecer esses alimentos às crianças; no entanto, também faz sentido garantir que sejam orgânicos para minimizar a quantidade de pesticida. Por essa mesma razão, prefiro oferecer frutas e vegetais orgânicos sempre que possível. E, nesses casos, não descasco os alimentos, a não ser que seja necessário. Produtos orgânicos são, em geral, mais caros, por isso nem sempre é possível comprá-los, mas tento usar com frequência ao menos cenoura, maçã e batata orgânicas.

SUBSTITUTOS DA CARNE

Em uma cultura predominantemente carnívora como a nossa, as refeições são planejadas em torno de um item central, que em geral significa carne. Logo que cheguei à culinária vegetariana, parecia-me que o tofu ou outros produtos com base em soja eram os substitutos frequentes. Embora sejam uma fonte adequada de proteína, não devem ser a única. A variedade é parte importante de uma dieta saudável. Muitos desses produtos são bastante convenientes, porém devem ser aliados a outras fontes de proteína vegetariana. Em outras palavras, as salsichas vegetais e a carne de soja são proteínas fáceis e rápidas de preparar, mas devem ser consumidas com moderação em prol de uma dieta variada. A variedade dos produtos de soja e de outros substitutos da carne pode gerar confusão, em especial no momento em que iniciamos uma dieta vegetariana. Por isso, segue uma breve descrição dos diversos ingredientes disponíveis.

Tofu Ele aparece com frequência na culinária vegetariana. Como é rico em proteína, é um bom "substituto da carne", por assim dizer, e também pode ser servido como prato principal. O tofu é simplesmente leite de soja coagulado, assim como o queijo é leite animal coagulado. Há muitos tipos disponíveis: comum, macio, prensado, defumado e marinado, só para citar alguns. Neste livro, uso principalmente o comum e o macio. A variedade de tofu é enorme, e as receitas aqui são meramente introdutórias.

Uma amiga vegetariana me deu a seguinte dica quando expressei meu desgosto em usar tofu pela primeira vez. Ela sugeriu prensar o tofu comum antes de usá-lo. O tofu é bastante aguado, e a água que libera durante o cozimento dilui e tira o sabor do prato. Para evitar isso, prense-o antes de usar, algo que também ajuda a absorver os sabores da marinada. Portanto, antes de mariná-lo, não deixe de prensá-lo bem (p. 94).

Seitan Ele às vezes é confundido com tofu, pois tem aparência semelhante e também costuma ser vendido na seção refrigerada. Na culinária, pode ser usado como tofu (refogado ou como ingrediente da sopa), mas é feito do glúten. Tem textura firme e levemente esponjosa. A marinada pode favorecer o sabor do seitan, neutro como o tofu. Alguns adoram, outros, não!

Carne de soja Também conhecida como proteína texturizada de soja (PTS), esse ingrediente não aparece em nenhuma receita deste livro. Ela é feita de farinha de soja, é altamente processada e, portanto – na minha opinião –, desnecessária, dada a gama disponível de alimentos ricos em proteína vegetal.

Quorn Marca registrada da proteína alimentar desenvolvida na Inglaterra no fim da década de 1960 feita principalmente de fungos. Isso pode soar pouco apetitoso, mas vale lembrar que os cogumelos também são fungos. Na Inglaterra, a marca abrange uma série de produtos que vão desde ingredientes culinários a alimentos prontos para o consumo. Essa é uma opção razoável e conveniente quando o tempo é escasso, mas o alimento processado não é a escolha mais saudável para as crianças em termos de sal e gorduras. Portanto, se tiver acesso [embora não esteja disponível no Brasil], use com moderação.

Página oposta: Se cada refeição dispuser de uma mistura equilibrada de cores, tenha certeza de que a quantidade de nutrientes será balanceada.

café da manhã

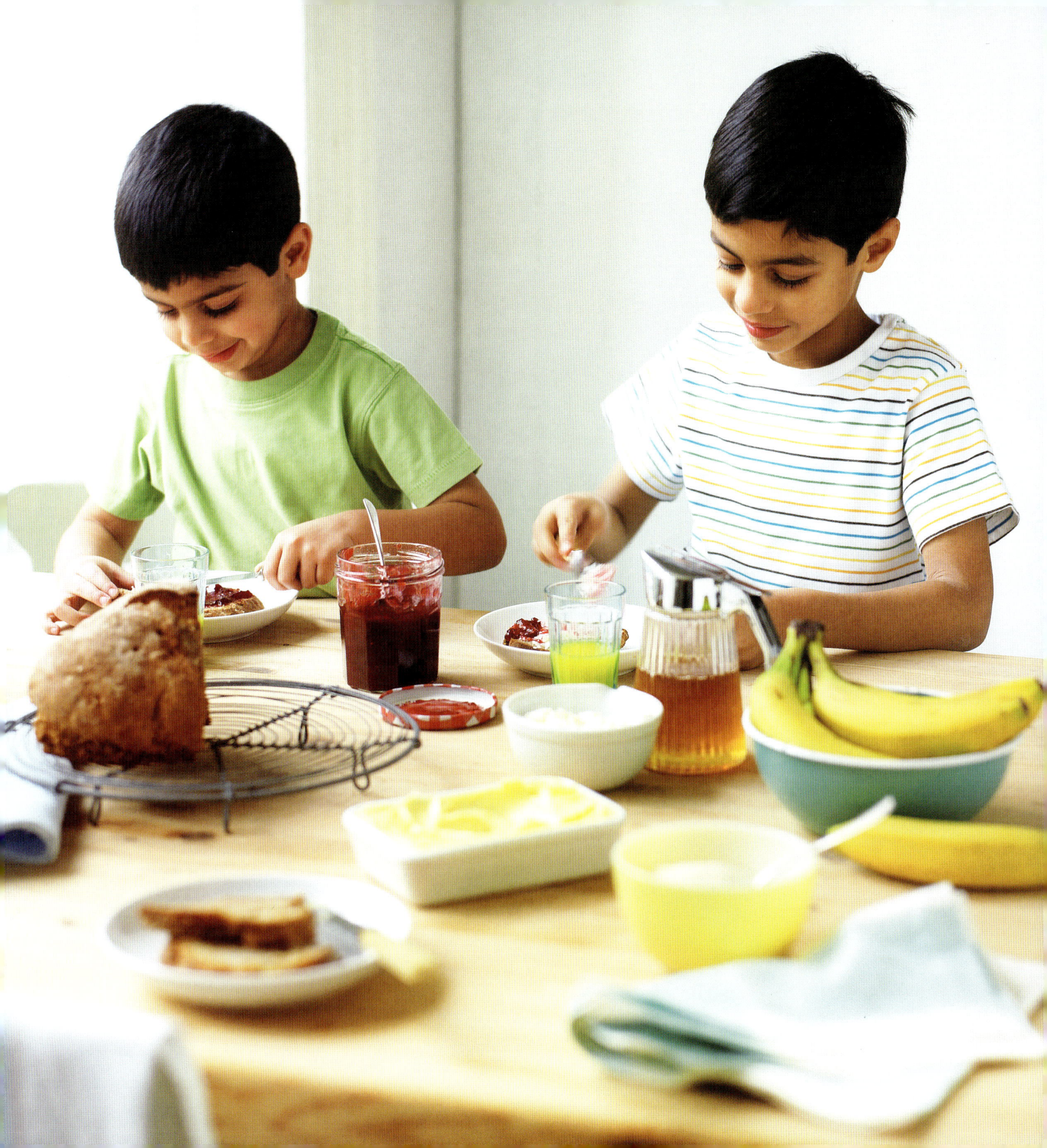

Faça seus filhos começarem o dia de maneira saudável com estas panquecas nutritivas e fáceis de fazer. Elas ficam deliciosas se servidas apenas com um pouco de manteiga e algumas gotas de maple syrup, mas também é possível variar a receita básica adicionando frutas vermelhas, banana, nozes ou frutas secas à massa antes de levá-las ao fogo.

panqueca multigrãos

¾ de xícara (chá) de farinha de trigo integral (120 g)
½ xícara (chá) de farelo de aveia (65 g)
1½ xícara (chá) de farinha de trigo (85 g)
¼ de xícara (chá) de fubá (45 g)
1 colher (chá) de fermento em pó
½ colher (chá) de bicarbonato de sódio
uma pitada de sal marinho
1¾ xícara (chá) de leite (400 ml)
2 ovos
2 colheres (sopa) de óleo vegetal

CERCA DE 15 UNIDADES

Coloque todos os ingredientes secos em uma tigela. Bata o leite, os ovos e o óleo em outro recipiente.

Junte a mistura líquida aos ingredientes secos. Mexa bem até que fique com pequenos grumos.

Aqueça uma frigideira antiaderente grande e unte-a levemente com óleo vegetal. Adicione uma concha de massa de panqueca. Frite até aparecerem as primeiras bolhas, vire e frite o outro lado por mais 1-2 minutos. Repita o procedimento até usar toda a massa.

Sirva imediatamente com manteiga e maple syrup, geleia ou coulis de frutas.

CEREAIS INTEGRAIS

Os cereais integrais são grãos como trigo, cevada e centeio na sua versão "completa", pois contêm os três componentes do grão. Eles não são processados. Por isso, a camada exterior permanece intacta, ao contrário do que acontece com os grãos refinados, que perdem o gérmen e o farelo, tornando-se menos nutritivos. Cereais integrais são uma boa fonte de ferro e zinco, nutrientes importantes.

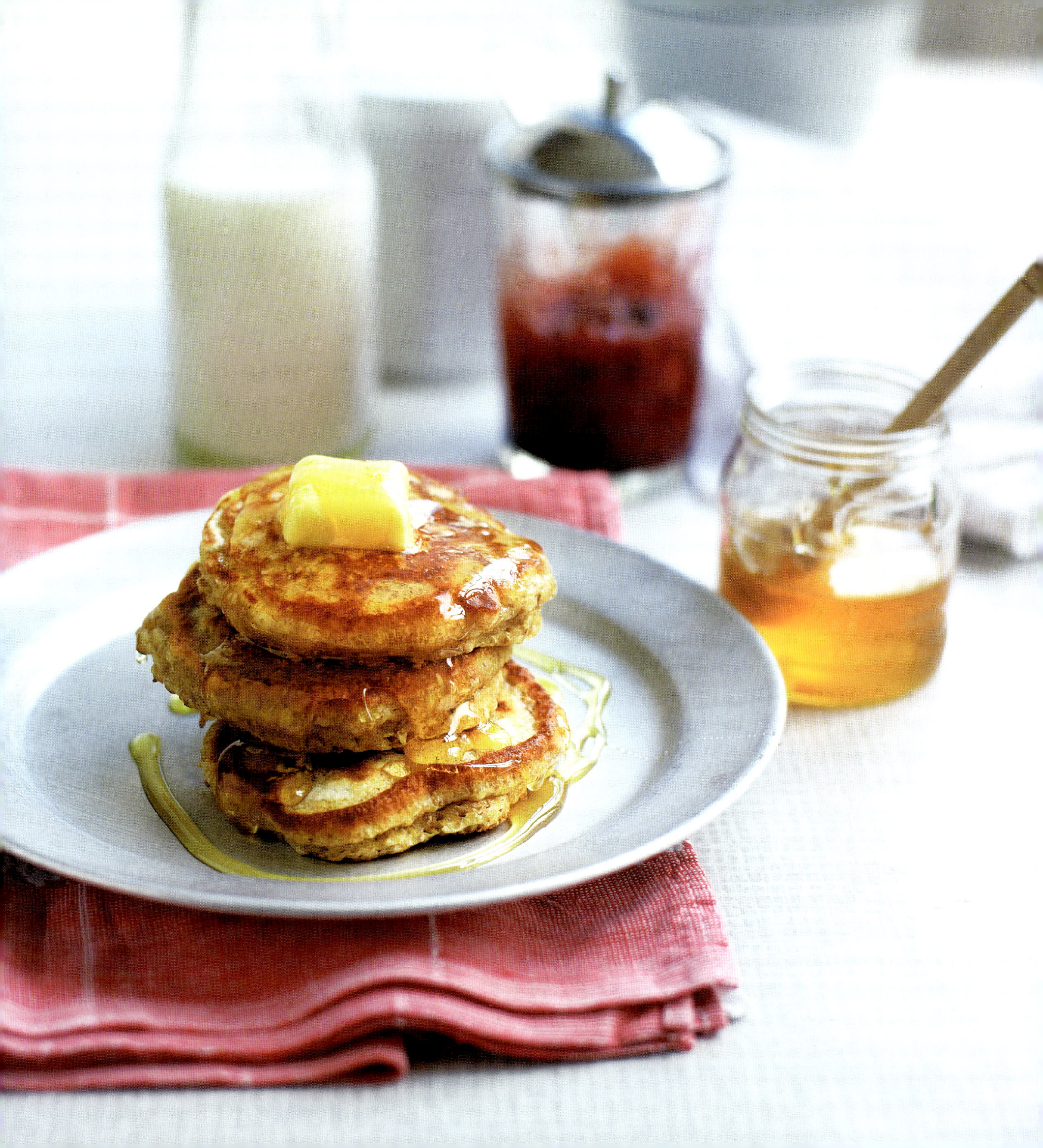

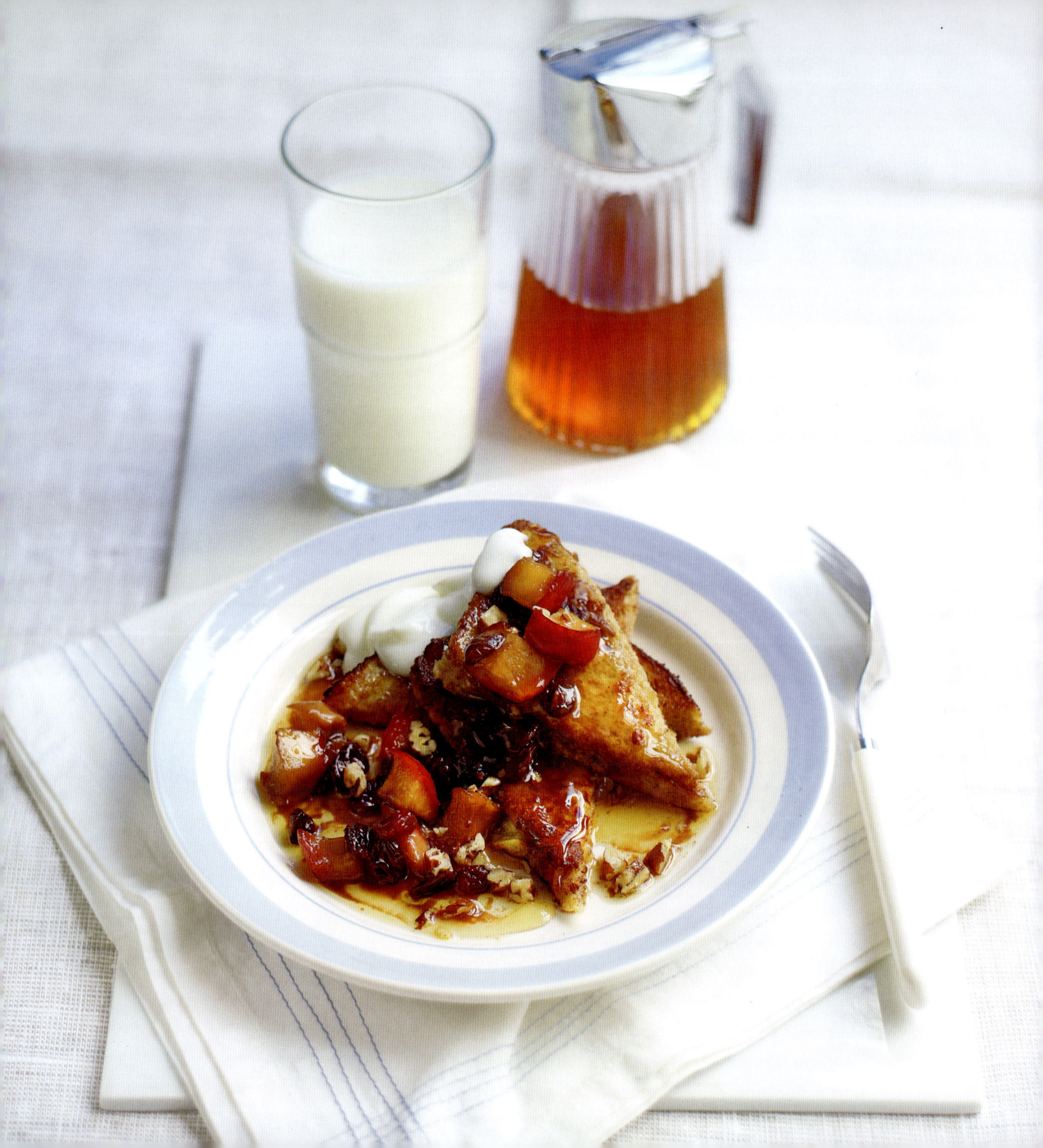

café da manhã

Eis uma maneira deliciosa e saudável de começar o dia, ideal para o caso de haver um longo intervalo antes do almoço. As fatias de pão de fôrma costumam ser finas, contudo, se optar por um pão caseiro, é possível que seja necessário acrescentar um pouco de leite; quanto mais grossa a fatia, mais ela absorve o líquido. A melhor opção de maçã é a vermelha e ácida, mas a verde também é boa. Se usar da orgânica, não é necessário descascá-la.

rabanada com maçã caramelada e uva-passa

2 ovos
4 colheres (sopa) de leite
uma pitada de açúcar
½-1 colher (chá) de canela em pó (a gosto)
manteiga sem sal e óleo vegetal, para fritar
4 fatias de pão integral

PARA A MAÇÃ
2-3 colheres (sopa) de uva-passa branca
3 colheres (sopa) de manteiga
1 colher (chá) de óleo vegetal
1 maçã grande picada grosseiramente
1 colher (sopa) bem cheia de açúcar mascavo

PARA SERVIR (OPCIONAL)
2-3 colheres (sopa) de castanhas, como avelã, amêndoa ou pecã, picadas finamente
maple syrup ou mel
iogurte grego natural

2-3 PORÇÕES

Prepare primeiro a maçã. Se a uva-passa não estiver carnuda, coloque-a de molho em uma tigela pequena com água fervente por 5 minutos. Escorra e reserve.

Aqueça a manteiga e o óleo em uma frigideira antiaderente. Frite a maçã com o açúcar por 8-10 minutos, mexendo de vez em quando, até ficar tenra e dourar levemente. Adicione a uva-passa depois de 5 minutos. Reserve.

Bata os ovos, o leite, o açúcar e a canela em um recipiente raso até obter uma mistura bem homogênea.

Aqueça a manteiga e o óleo em uma frigideira antiaderente grande o suficiente para caberem duas fatias de pão. Enquanto a manteiga e o óleo aquecem, faça pequenos furos com o garfo na fatia de pão, para ajudar na absorção, e mergulhe-a na mistura de ovos.

Vire-a com cuidado e mergulhe o outro lado. Leve-a rapidamente à frigideira. Faça o mesmo com a outra fatia. Frite em fogo médio por 2-3 minutos, até dourar bem. Em seguida, vire e frite por mais 2-3 minutos. Transfira para um prato. Coloque um pouco mais de manteiga e óleo na panela e repita a operação para as demais fatias de pão.

Para servir, corte as fatias pela metade e distribua a maçã sobre elas. Cubra com as castanhas e sirva com maple syrup e 1 colher bem cheia de iogurte, se desejar.

Variação Substitua os pedaços de maçã por rodelas de banana. Prepare a banana do mesmo jeito que a maçã.

A partir desta receita pode-se preparar uma variedade de smoothies. São necessárias, basicamente, frutas (frescas, congeladas ou ambas), leite ou derivado e suco. Os smoothies sem lactose também são ótimos, e leites como o de soja, o de arroz e até mesmo o de amêndoa são ingredientes excelentes. É possível ainda não usar o leite e fazer um smoothie apenas com frutas e suco. Praticamente toda fruta que imaginar é boa para smoothies. Além das que são sugeridas aqui, kiwi, melancia, cereja, amora e manga são especialmente apropriadas. Varie o sabor usando sucos diferentes, mas opte pelos naturais no lugar dos industrializados, que contêm açúcar.

smoothie de morango e laranja

1 xícara (chá) de iogurte natural (250 ml)

1 xícara (chá) de morango (200 g)

½ xícara (chá) de suco de laranja (125 ml)

2 PORÇÕES

* Corte 1 manga e passe na peneira, até ficar uma polpa grossa e sem fiapos. Misture ao iogurte natural.

Junte todos os ingredientes no liquidificador ou no processador e bata até que a mistura fique homogênea. Adicione mais suco para obter uma consistência mais líquida ou iogurte e fruta para uma mais espessa. Despeje em copos e sirva imediatamente.

Variações (mesmo preparo acima, salvo indicação em contrário)

Tropical 1 banana madura pequena em pedaços, iogurte de manga* e suco de abacaxi.

Cenoura e abacaxi 2 bananas maduras pequenas em pedaços, iogurte de limão, suco de cenoura e ½ xícara (chá) de suco de abacaxi (125 ml).

Vitamina do pomar 1 banana madura pequena em pedaços, iogurte de pêssego, néctar de damasco.

Maçã e baunilha 1 banana madura pequena em pedaços, iogurte de baunilha, suco de maçã.

Vitamina roxa 1 banana madura pequena em pedaços, mirtilo fresco ou congelado, iogurte de mirtilo ou framboesa, suco de uva rubi ou de romã.

Creme de amendoim e banana 1 banana madura pequena em pedaços, 2-3 colheres (sopa) de creme de amendoim, iogurte de baunilha ou natural, leite no lugar do suco, 1 colher (sopa) de mel.

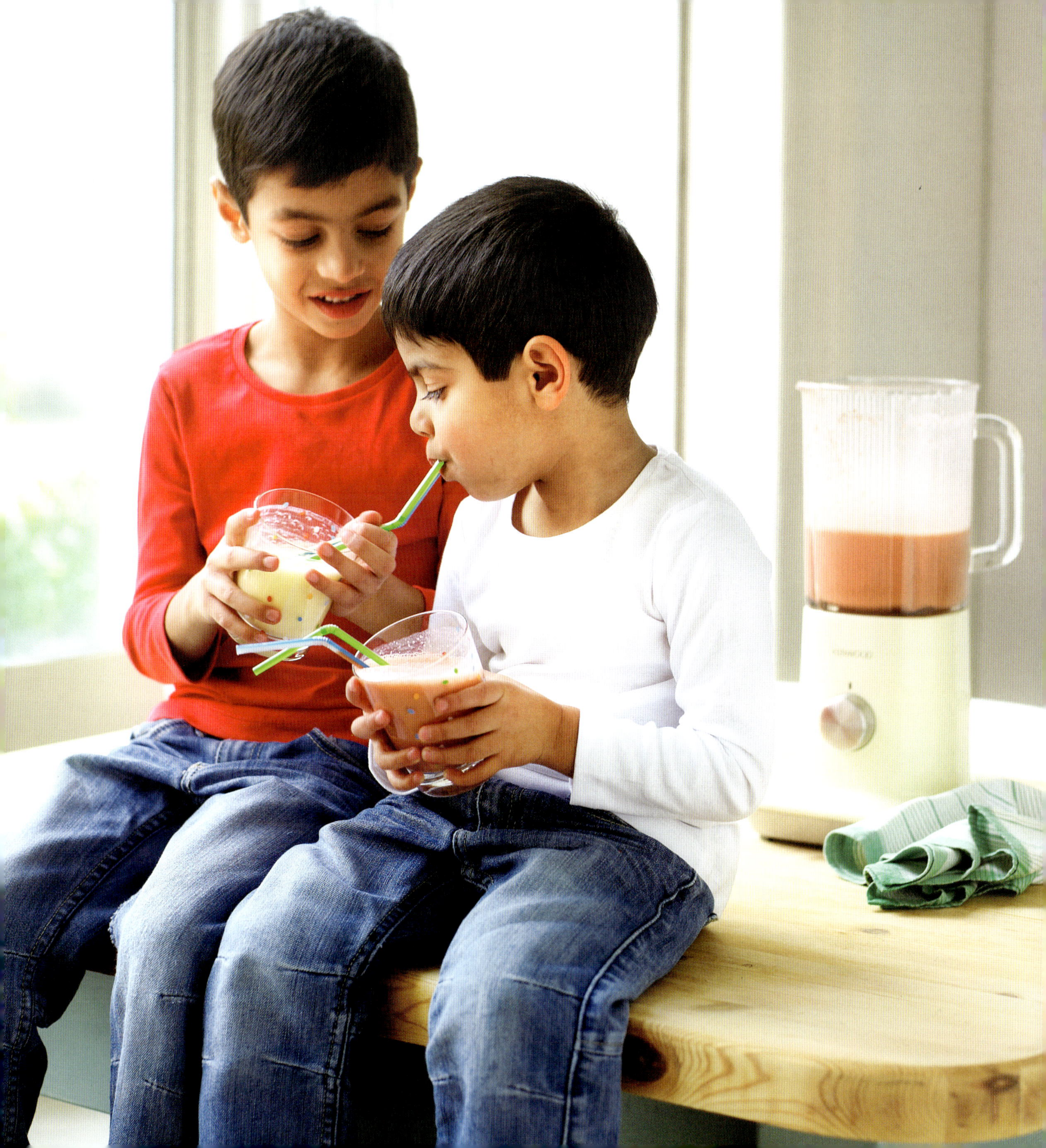

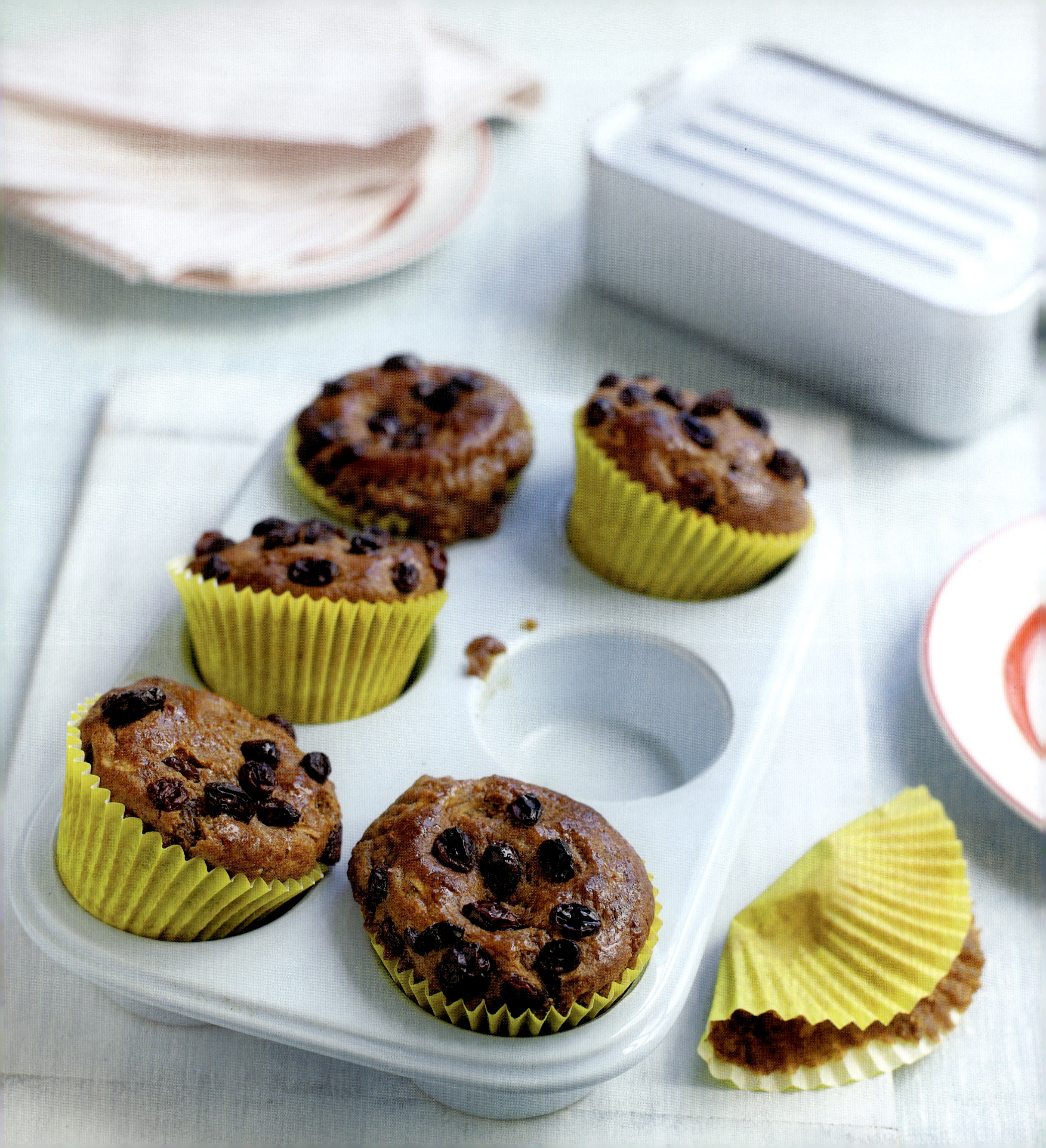

café da manhã

Como foram concebidos para o café da manhã, estes muffins têm um alto percentual de farinha integral e não são tão doces quanto os de sobremesa. Mesmo assim, são deliciosos – e ficam ainda melhores com cream cheese. Podem ser saboreados com frutas frescas ou iogurte, ou então sozinhos, em um lanche rápido, no recreio ou depois da escola.

muffin de maçã e uva-passa

⅓ de xícara (chá) de farinha de trigo (60 g)

1 xícara (chá) de farinha de trigo integral fina (160 g)

½ xícara (chá) de açúcar mascavo (110 g)

1 colher (chá) de bicarbonato de sódio

½ colher (chá) de fermento em pó

1 colher (chá) de canela em pó

½ colher (chá) de pimenta-da-jamaica em pó

uma pitada de sal marinho

1 xícara (chá) de iogurte natural, leite ou leitelho* (250 ml)

3 colheres (sopa) de óleo de canola

1 ovo

4 colheres (sopa) de mel

⅔ de xícara (chá) de uva-passa (100 g)

1 maçã ácida pequena, orgânica, sem miolo e ralada

1 colher (chá) de extrato de baunilha

fôrma de muffin com 9 ou 12 cavidades forrada com forminhas de papel

9 UNIDADES GRANDES OU 12 MÉDIAS

Preaqueça o forno a 200°C.

Misture a farinha de trigo, a farinha integral, o açúcar, o bicarbonato de sódio, o fermento, a canela, a pimenta e o sal em uma tigela grande.

Em outro recipiente, bata o iogurte, o óleo, o ovo e o mel e mexa bem, até obter uma mistura homogênea. Acrescente metade da uva-passa, a maçã e o extrato de baunilha.

Combine a mistura do iogurte com os ingredientes secos. Distribua a massa nas forminhas, enchendo-as até quase o topo. Espalhe o restante da uva-passa sobre os muffins. Asse por 25-30 minutos em forno preaquecido, até crescerem e as bordas dourarem. Deixe esfriar antes de servir. Os muffins duram 2-3 dias em recipiente hermético.

Variação Para muffins de castanhas, maçã e cenoura, adicione 1 cenoura pequena ralada e 4 colheres (sopa) de castanhas moídas, como amêndoa e avelã, ou ½ xícara (chá) de castanhas picadas, como nozes ou pecã (60 g).

*O leitelho (buttermilk) é um ingrediente essencial em confeitaria e panificação em países como Estados Unidos e Inglaterra. Por isso, é encontrado industrializado. Aqui no Brasil, não se encontra esse produto, mas é possível prepará-lo e deve ser feito pelo menos 10 minutos antes de ser utilizado na receita. A proporção é de 1 colher (sopa) de limão ou vinagre branco para cada xícara (chá) de leite.

ÓLEO DE CANOLA

Esse é um dos óleos vegetais com menos gordura saturada. É uma boa fonte vegetal de ácidos graxos, especialmente o ácido linoleico (ômega 6) e o alfa-linolênico (ômega 3). O óleo de canola contém vitaminas E e K. Pode ser usado como ingrediente ou para fritar.

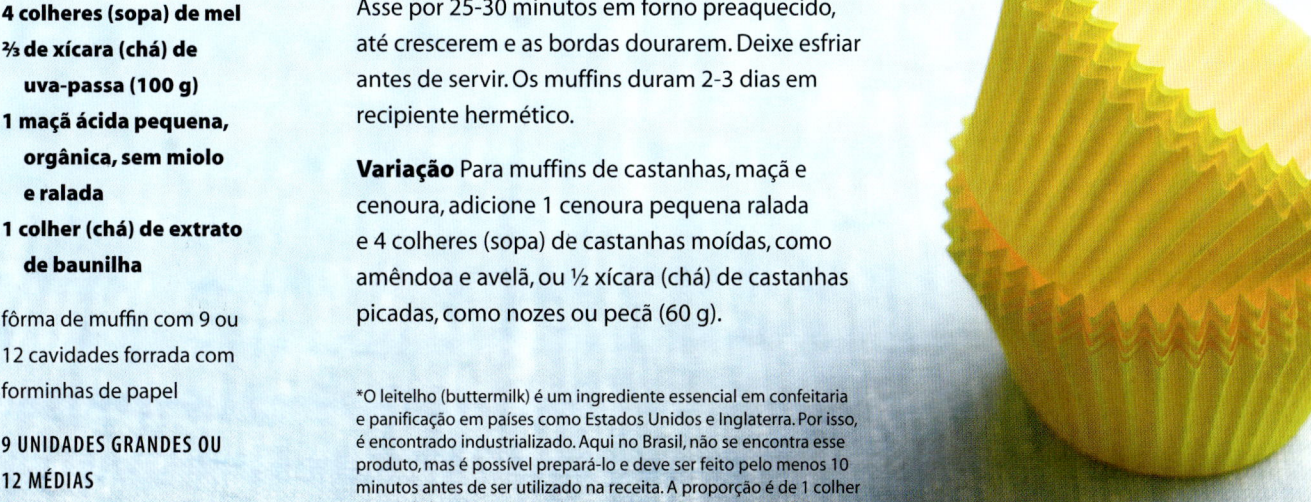

O pão irlandês é um dos meus favoritos. Ele não requer tempo de fermentação nem de crescimento. Então, se fazer pão parece complicado e demorado, não pense nele como um pão; é tão fácil de preparar quanto um bolo! Como fica pronto rápido, pode ser feito para consumo imediato e é ótimo para o café da manhã no fim de semana. Embora seja sempre melhor consumir no mesmo dia, ele ainda fica gostoso torrado dias depois. A combinação com cream cheese e geleia lembra o cheesecake, mas a adição de aveia deixa o pão mais nutritivo e interessante.

pão irlandês com geleia

2 xícaras (chá) de farinha de trigo (250 g)

2 xícaras (chá) de farinha de trigo integral fina (250 g)

1¾ xícara (chá) de aveia (100g)

1 colher (chá) de bicarbonato de sódio

1 colher (chá) de sal marinho

2 colheres (sopa) de manteiga (30 g)

1⅓ xícara (chá) de leitelho [p. 23] (400 ml)

1 colher (sopa) de mel

cream cheese, para servir

GELEIA

1 maçã descascada e picada finamente

2 xícaras (chá) de fruta à sua escolha, como damasco, morango ou mix de frutas vermelhas (400 g)

1 xícara (chá) de açúcar (200 g)

CERCA DE 1 XÍCARA (CHÁ) OU 250 ML

Preaqueça o forno a 200°C. Coloque as farinhas, a aveia, o bicarbonato de sódio e o sal em uma tigela grande e mexa bem. Adicione a manteiga e trabalhe a massa com a ponta dos dedos.

Misture o leitelho e o mel em uma jarra medidora.

Faça uma cova no centro da mistura seca e despeje o leitelho. Mexa até obter uma massa leve. Talvez seja necessário acrescentar um pouco de leite. Quanto mais leve a massa, mais leve o pão, então, caso ela pareça pesada, adicione leite aos poucos.

Transfira para uma superfície enfarinhada e trabalhe a massa por 2-3 minutos, até ficar macia e homogênea. Molde o pão em formato redondo, polvilhe-o com um pouco de farinha e, com uma faca afiada, faça um X grande no topo.

Coloque em uma assadeira e leve ao forno preaquecido por 50-55 minutos. Para saber se está pronto, dê uma batidinha na base e veja se produz um som oco. Deixe esfriar sobre uma grade.

Para fazer a geleia, ponha a maçã e a outra fruta em uma panela grande (se optar por uma fruta com caroço, remova-o antes de cortar a fruta em pedaços pequenos). Cozinhe em fogo baixo, com a panela destampada, por cerca de 15 minutos, até os pedaços ficarem tenros. Misture o açúcar e continue a cozinhar em fogo baixo por mais 3-5 minutos, até que o açúcar se dissolva.

Transfira para um processador e bata até obter uma mistura homogênea. Nesse ponto, coloque a geleia em um pote para uma consistência mais fina ou recoloque a mistura na panela e apure em fogo baixo por mais 15 minutos, até reduzir e ficar mais espessa. Dada a pouca quantidade de açúcar, essa não é exatamente uma conserva, mas prefiro armazená-la em potes esterilizados para garantir. A geleia dura 7-10 dias na geladeira em recipiente hermético. Para servir, corte o pão em fatias, espalhe uma grossa camada de cream cheese e acrescente uma porção de geleia.

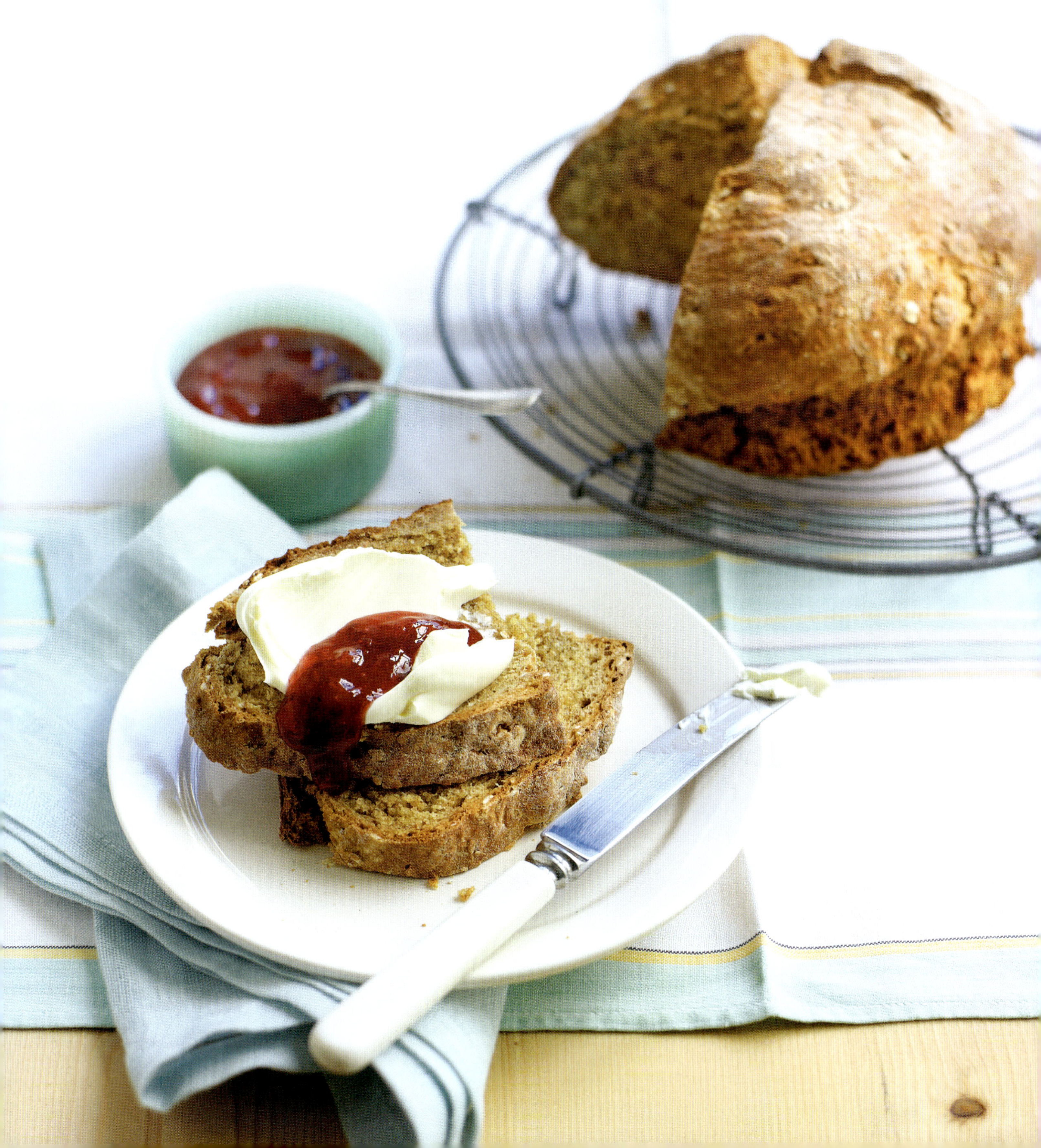

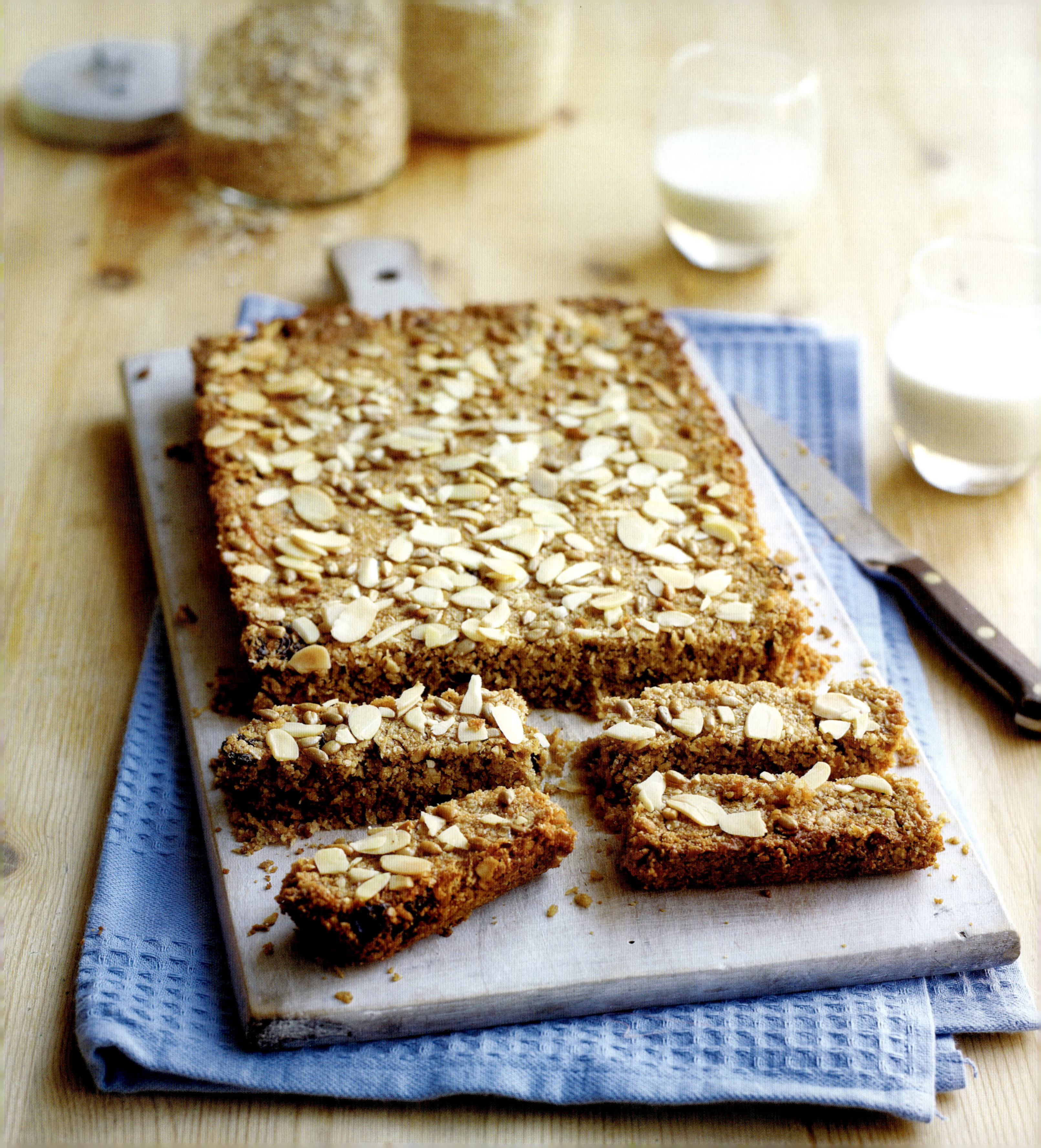

Eu queria inventar uma receita que imitasse as barrinhas de cereais comerciais, pois, embora elas nem sempre sejam tão saudáveis quanto alegam, são uma ótima maneira de tomar a primeira refeição do dia em manhãs movimentadas. Esta não leva trigo, mas uma variedade de cereais, sementes e frutas. Sua taxa de sucesso é alta; conheço uma pessoa que não pode ver maçã e come essa barrinha com gosto. Se quiser servi-la em uma ocasião especial – uma festa ou um evento na escola, por exemplo –, acrescente chips de chocolate amargo ou cubra com chocolate derretido. É o lanche ideal.

barrinha de cereais multigrãos

125 g de manteiga
2 colheres (sopa) mel
1 maçã com casca (se orgânica) ralada
1 colher (sopa) bem cheia de glicose de milho
1½ xícara (chá) de aveia (150 g)
1 xícara (chá) de cevada em flocos (100 g)
½ xícara (chá) de painço ou quinoa em flocos (50 g)
⅔ de xícara (chá) de coco ralado (50 g)
4 colheres (sopa) de linhaça
3 colheres (sopa) de amêndoa moída ou semente de girassol (opcional)
um punhado generoso de uva-passa
uma pitada de sal marinho
⅓ de xícara (chá) de óleo de canola

assadeira antiaderente de 20 cm x 30 cm untada levemente

12-15 UNIDADES

Preaqueça o forno a 180°C.

Em uma panela pequena, aqueça a manteiga e o mel em fogo baixo até derreter. Misture a maçã e a glicose de milho. Reserve.

Junte a aveia, a cevada, o painço, o coco, a linhaça, a amêndoa, a uva-passa e o sal em uma tigela grande e misture.

Misture o óleo com a manteiga e o mel, depois junte aos ingredientes secos. Mexa com uma colher de pau. Coloque na assadeira já untada e espalhe uniformemente.

Asse em forno preaquecido por 10-12 minutos, até as bordas dourarem, para uma consistência levemente elástica, ou por mais tempo, caso deseje barras crocantes. Deixe esfriar um pouco ainda na assadeira, depois corte em barras, transfira para uma grade e deixe esfriar completamente. Duram 7-10 dias se armazenadas na geladeira em recipiente hermético.

Variação Para uma Barrinha de castanhas, acrescente 4-5 colheres (sopa) de creme de avelã ou amendoim (com ou sem pedaços) à mistura de manteiga (p. 36).

bufê de cereais

A ideia é fazer com que as crianças variem a ingestão de nutrientes, que, colocada dessa maneira, soa chata e pouco apetitosa. Esse bufê não é nada prático para os dias de semana. Sem dúvida, é um café da manhã para ocasiões especiais, ideal para quando um amiguinho dorme em casa ou nas férias – talvez para um grande grupo. Um dos benefícios de servir o café da manhã assim é fazer as crianças experimentarem cereais novos, o que é importante e costuma ser difícil. Uma boa loja de produtos naturais oferece uma variedade de grãos e cereais que podem complementar as grandes marcas vendidas nos mercados. Disponha tudo sobre a mesa, ofereça tigelas e deixe que se sirvam. Há alguns itens menos nutritivos, incluídos para promover o espírito festivo, que devem ser usados com moderação. Não é necessário oferecer tudo da lista; a quantidade de itens fica por sua conta. Todos os ingredientes secos duram bastante, mas, se sobrarem frutas frescas, que tal um smoothie (p. 20)?

granola caseira

3 xícaras (chá) de aveia (300 g)
1½ xícara (chá) de cevada em flocos (150 g)
½ xícara (chá) de painço ou quinoa em flocos (50 g)
1 xícara (chá) de amêndoa laminada (90 g)
½ xícara (chá) de semente de girassol sem casca (70 g)
6 colheres (sopa) de linhaça
1 xícara (chá) de coco ralado (100 g)
1 xícara (chá) de uva-passa ou outra fruta desidratada, picada se necessário (140 g)
½-1 xícara (chá) de mel (125-250 ml)
2 colheres (sopa) de óleo vegetal
sal marinho

CERCA DE 8-10 PORÇÕES

Preaqueça o forno a 170°C. Junte todos os ingredientes secos, exceto a uva-passa, em uma tigela grande. Adicione uma pitada de sal e misture. Se o mel for pastoso, dilua um pouco em fogo baixo ou no micro-ondas. Junte o mel e o óleo aos ingredientes secos e misture bem.

Em uma assadeira, espalhe a mistura uniformemente. Asse em forno preaquecido por 10 minutos e mexa. Mantenha por mais 10-20 minutos, mexendo, até dourar. Depois de fria, adicione a uva-passa, transfira para um recipiente hermético e armazene em temperatura ambiente, em local fresco e ao abrigo da luz. Consuma em 1 semana.

Seleção de cereais
Arroz tufado
Cereais de milho
Cereais de trigo
Cereais maltados
Crispies de arroz
Flocos de espelta
Flocos de milho
Granola caseira (à esquerda)
Müsli
Pipoca de quinoa

Coberturas secas
Castanhas picadas (pistache, pecã, macadâmia, castanha-de-caju e/ou castanha-do-pará)
Castanhas moídas (amêndoa e/ou avelã)
Sementes (linhaça, girassol e/ou gergelim)

Uvas-passas brancas ou escuras
Coco ralado
Frutas secas pequenas, de preferência não adoçadas, como mirtilo, cereja ou cranberry
Frutas secas picadas, como maçã, pêssego ou damasco
Gotas de chocolate amargo
Açúcar e canela
Confeitos coloridos

Outras opções
Fatias de fruta fresca
Coulis de frutas
Iogurte natural ou com sabor
Leite de vaca ou de soja, arroz ou amêndoa
Mel, maple syrup ou xarope de agave

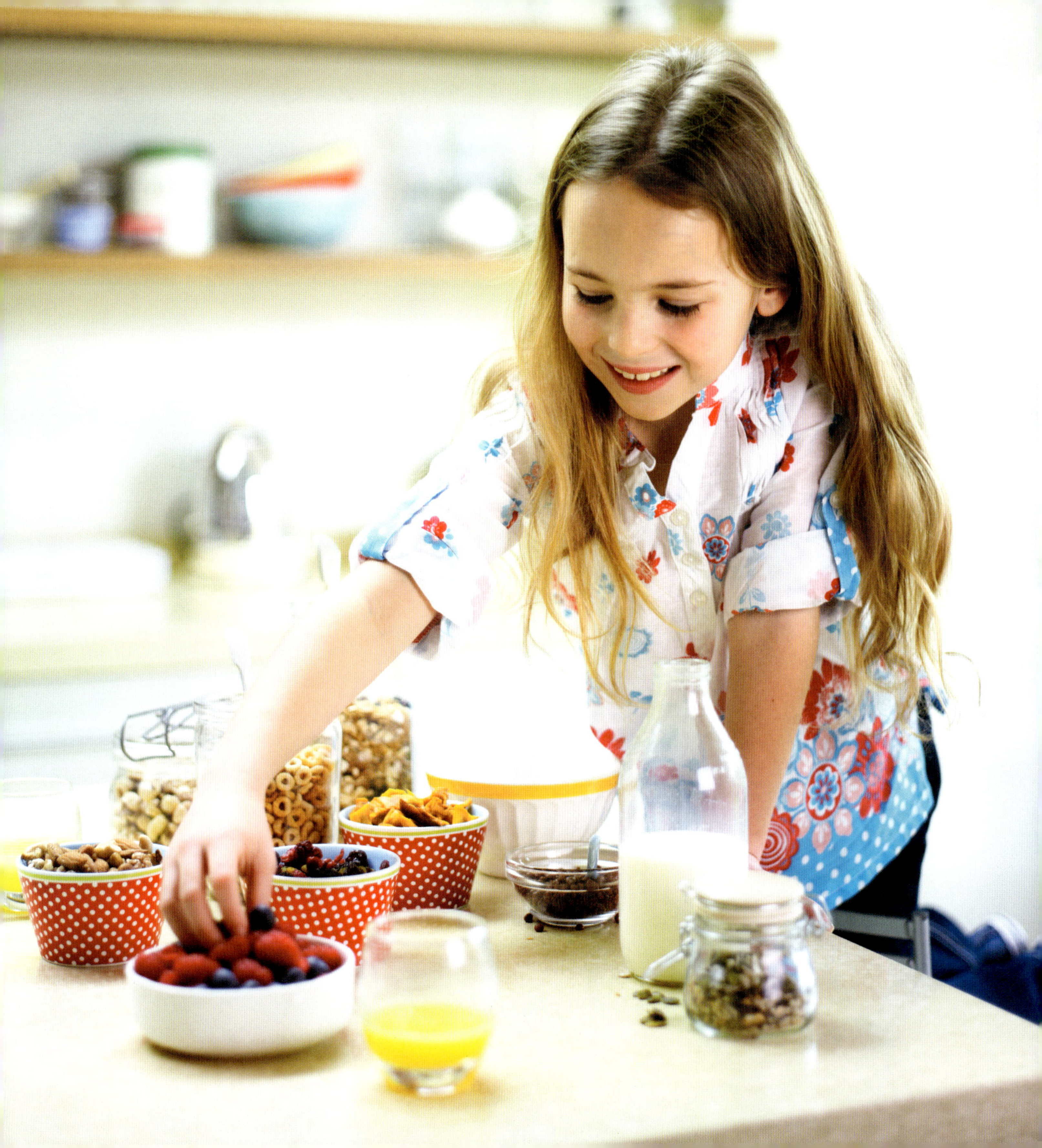

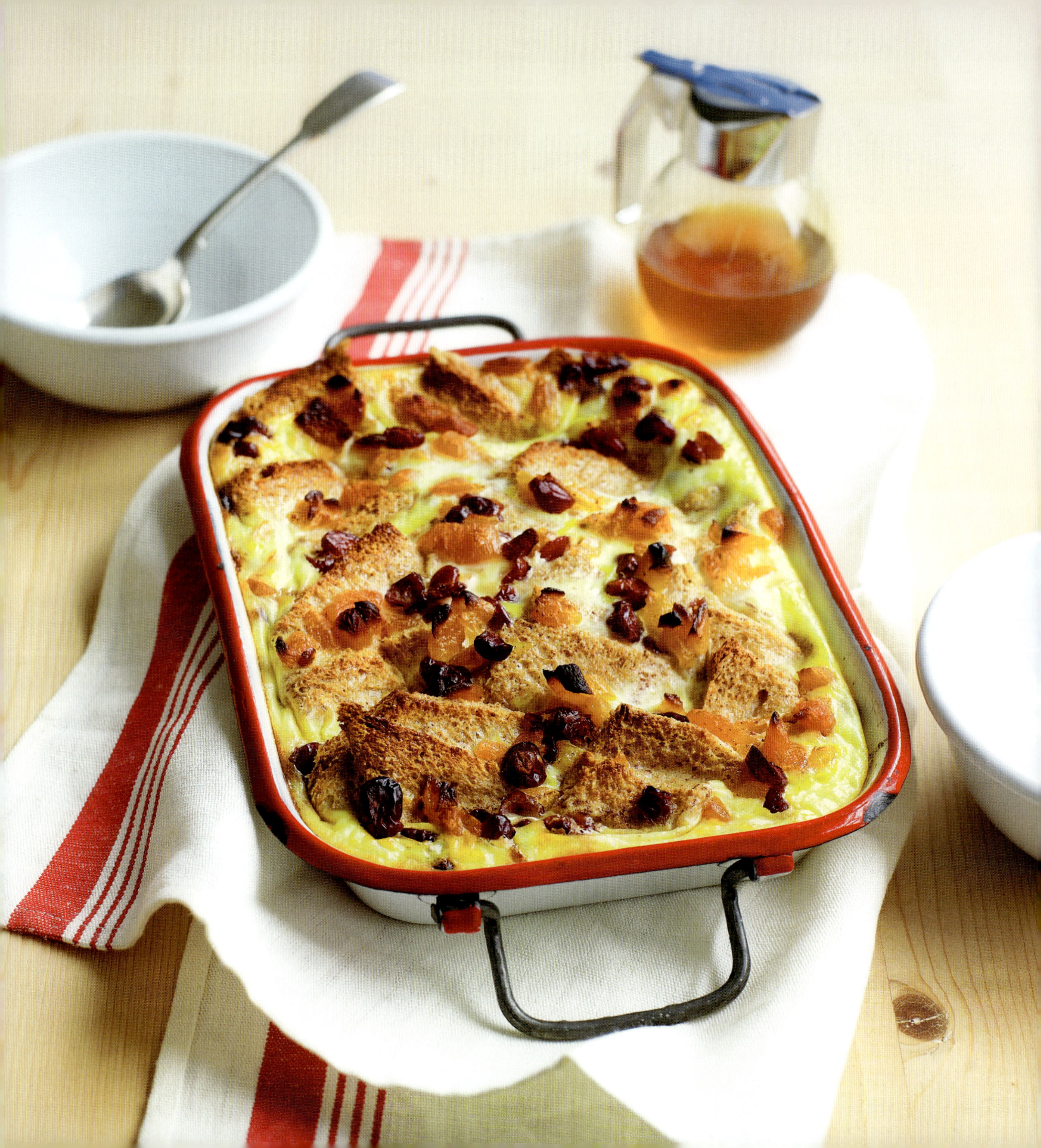

Este prato é ótimo para aproveitar pão amanhecido. Qualquer pão serve. Isso também vale para frutas secas, sozinhas ou combinadas com outras. Frutas frescas também ficam boas: a maçã cortada em cubos é perfeita (assim como a pera). Funcionam ainda a cereja sem caroço, o morango e até o ruibarbo, se conseguir encontrá-lo.

torta de pão com damasco e cranberry

cerca de 2 xícaras (chá) de leite (500 ml) (se as fatias do pão forem grossas, talvez seja necessário um pouco mais)
2 colheres (sopa) de açúcar
3 ovos
¼ de colher (chá) de canela em pó
1 xícara (chá) de damasco seco picado (170 g)
4 colheres (sopa) de cranberry seco (não adoçado)
8 fatias de pão integral em pedaços pequenos
mel ou maple syrup, para regar

assadeira refratária untada com bastante manteiga

4-6 PORÇÕES

Preaqueça o forno a 180°C.

Bata bem o leite, o açúcar, os ovos e a canela em uma tigela. Reserve.

Em um recipiente pequeno, misture os pedaços de damasco e cranberry.

Distribua metade dos pedaços de pão na assadeira já untada e espalhe metade das frutas secas por cima. Repita o procedimento com o restante dos ingredientes e cubra com a mistura de leite.

Asse em forno preaquecido por 35-45 minutos, até estufar, dourar e ficar ligeiramente cremoso no meio.

Sirva morna, acompanhada de mel ou maple syrup para regar.

Não costumo fazer mingau para mais de uma pessoa, por isso a receita rende apenas uma porção. Ela leva uma medida de aveia para uma e meia de leite, então é bem fácil aumentá-la conforme a necessidade, sem que seja necessário recorrer à balança ou a jarras medidoras – basta um copo americano. A banana e a amêndoa realçam o sabor e adicionam valor nutricional. Isso também vale para as sementes de girassol moídas, que são muito saudáveis, mas difíceis de incluir na dieta das crianças.

mingau de banana e amêndoa

1 copo americano de aveia
1½ copo americano de leite
1 banana madura pequena amassada
1-2 colheres (sopa) de amêndoa moída
1-2 colheres (sopa) de semente de girassol moída (opcional)
um boa pitada de canela em pó (opcional)

PARA SERVIR
mel ou açúcar mascavo
leite gelado

1 PORÇÃO

Se preparar no fogão, misture a aveia no leite em uma panela e cozinhe até levantar fervura. Abaixe o fogo e cozinhe por mais 2-3 minutos, mexendo com frequência. Acrescente a banana e a amêndoa e continue cozinhando, ainda em fogo baixo, por mais 1-2 minutos. Se desejar, adicione a semente de girassol.

Se preferir fazer no micro-ondas, misture a aveia no leite um uma tigela de vidro refratário e leve ao micro-ondas por 30 segundos em potência alta. Retire, acrescente a banana e a amêndoa, mexa e recoloque a mistura no micro-ondas por mais 1 minuto. Adicione a semente de girassol, se desejar.

Transfira para uma tigela de servir, cubra com a canela (opcional) e complete com 1 colher (sopa) de mel ou açúcar (ou uma de cada!). Sirva imediatamente, acompanhado de mais um pouco de leite para diluir e esfriar.

Variação Adoce com 2-3 colheres (sopa) de Geleia (p. 24) no lugar do mel e/ou açúcar.

Nota É difícil encontrar semente de girassol moída. Eu a preparo em casa, descascada, em um moedor de café. Elas são tão pequenas que esse é o único utensílio que funciona. Raramente uso mais do que algumas colheres (sopa) por vez, mas costumo moer uma boa quantidade e guardar em um recipiente hermético na geladeira.

AVEIA

Embora a aveia seja essencialmente carboidrato, ela tem alto teor de proteína se comparada a outros grãos. Também é uma boa fonte vegetal de tiamina, riboflavina e vitamina B6, bem como de minerais: cálcio, magnésio, ferro e zinco. A aveia é, ainda, um alimento de baixo índice glicêmico, o que proporciona a liberação lenta de energia, prolongando a sensação de saciedade. É, portanto, o ingrediente ideal para o café da manhã de crianças com muitas atividades.

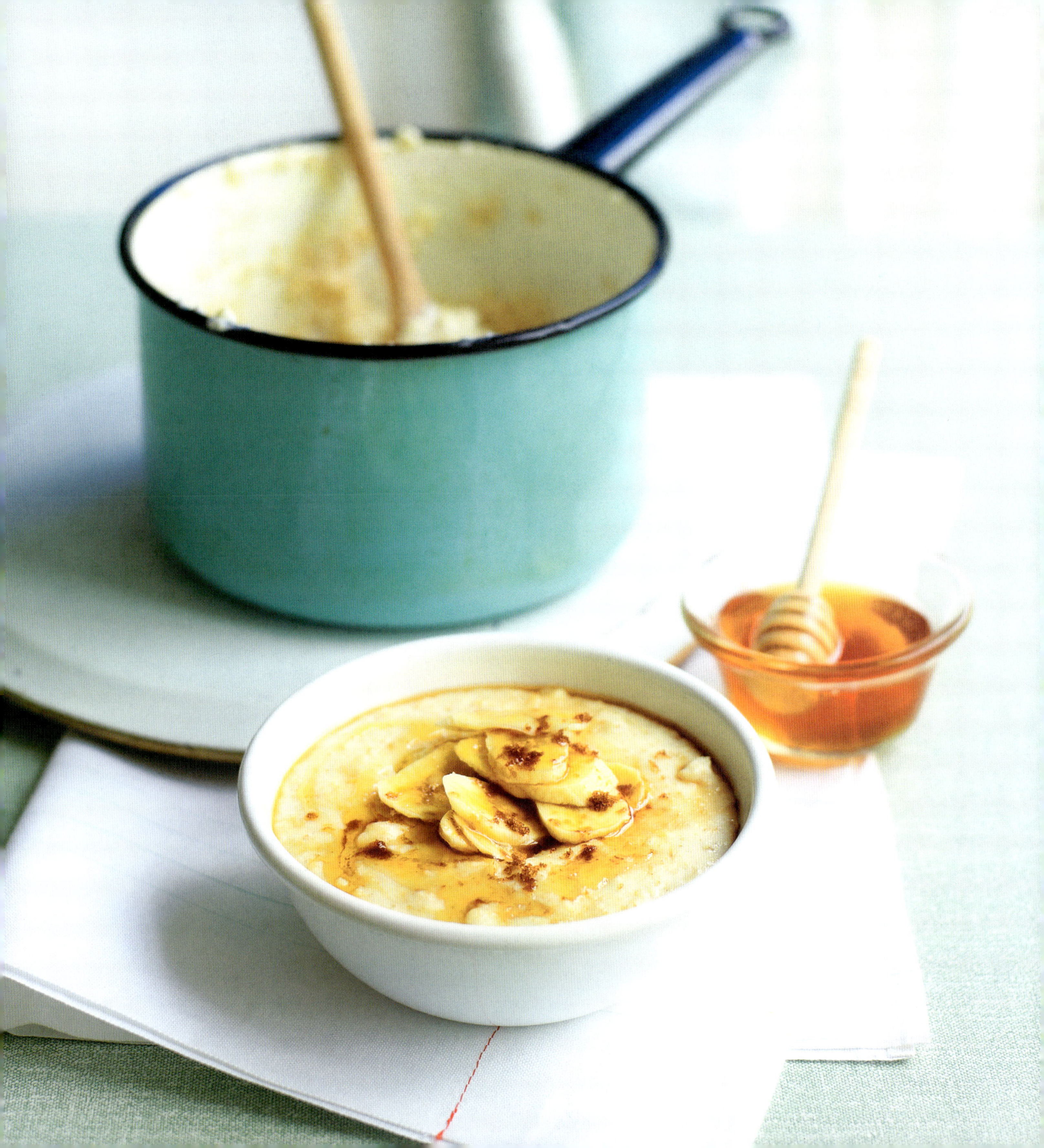

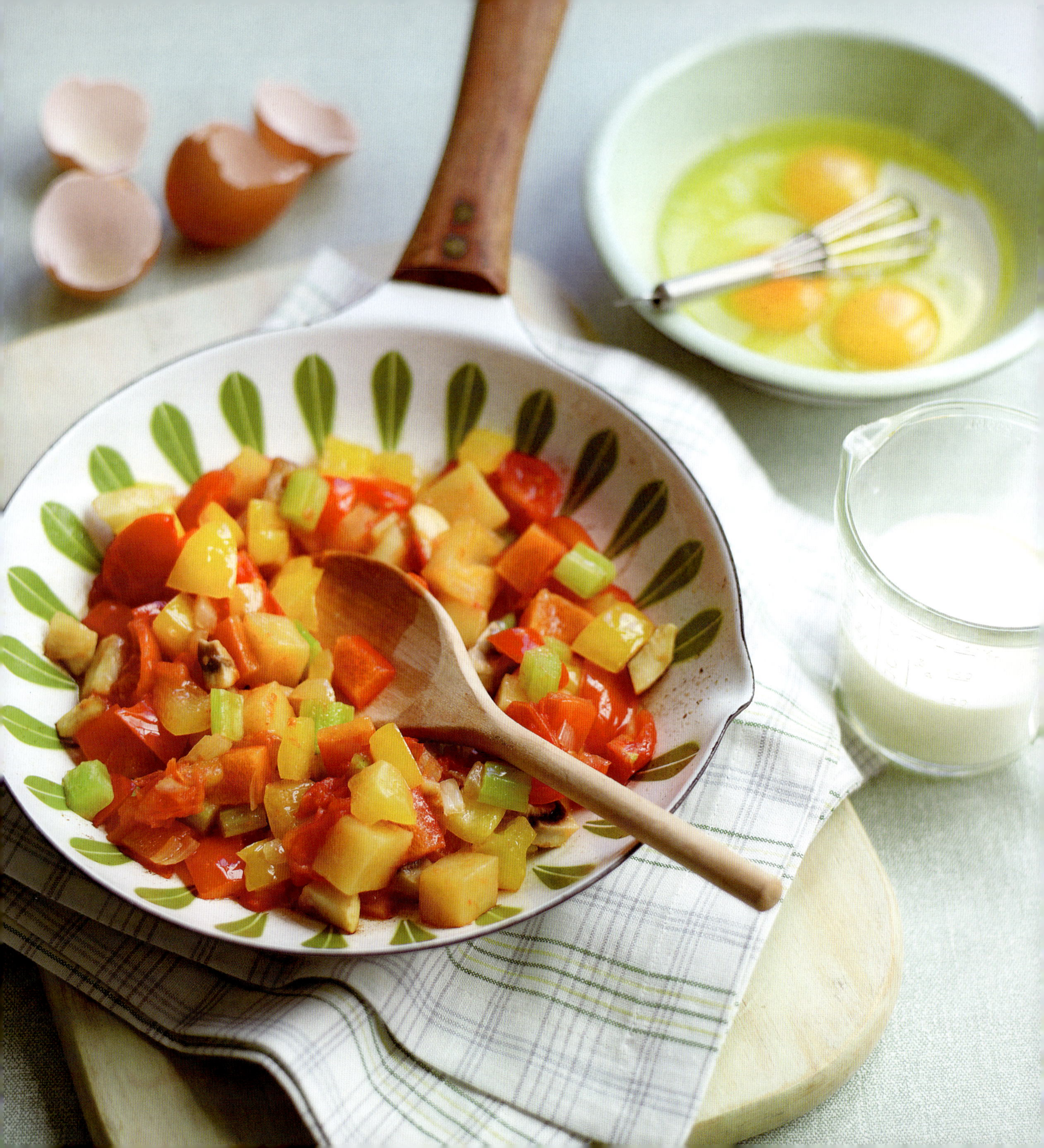

café da manhã

Esta é daquelas receitas que leva de tudo e nunca sai igual. A ideia é preparar um bom café da manhã para a família e, ao mesmo tempo, livrar a gaveta de verduras e legumes daqueles restos inconvenientes. Tem um pedaço de queijo sobrando? Use-o também. A receita fala em quantidades pequenas disso e daquilo, o que deve servir mais de inspiração do que regra. Veja se consegue começar o dia liberando a geladeira. Por alguma razão, a imprevisibilidade garante um resultado sempre delicioso.

surpresa de ovos mexidos

6 ovos grandes
2-3 colheres (sopa) de leite
3 colheres (sopa) de cottage (opcional)
manteiga sem sal e óleo vegetal, para refogar
1 cebola pequena ralada ou picada finamente
½ pimentão vermelho, amarelo ou verde em cubos
alguns cogumelos-de-paris em cubos
1 talo de aipo em cubos
1 batata descascada, cozida e em cubos
1 salsicha vegetal cozida em cubos
alguns tomates-cereja em quartos
sal marinho e pimenta-do--reino moída na hora

PARA SERVIR
torrada integral
tabasco, ketchup ou outro molho de sua preferência

4 PORÇÕES

Junte os ovos, o leite e o cottage, se desejar, em uma tigela e bata até misturar bem. Tempere levemente com sal e pimenta-do-reino. Reserve.

Aqueça cerca de 1 colher (sopa) de óleo e 1-2 colheres (sopa) de manteiga em uma frigideira antiaderente. Adicione a cebola, o pimentão, o cogumelo e o aipo e refogue, mexendo com frequência, por 3-5 minutos, até que fiquem macios. Tempere levemente. Acrescente a batata, a salsicha e os tomates e deixe por 1-2 minutos, para terminar de aquecer. Despeje os ovos batidos e deixe fritar, mexendo com uma espátula de madeira, até que comecem a tomar forma. Distribua a mistura pronta nos pratos e sirva logo em seguida com torradas e o molho pronto de sua preferência.

café da manhã

Cogumelo e creme de leite formam uma combinação irresistível, mas, se ela parece pesada para refeições matinais, cogumelos salteados são tão bons quanto. Alguns tomates cortados grossos, levemente refogados com um pouco de óleo, são um bom acompanhamento, bem como um ou dois ovos pochês.

torrada com cogumelo-de-paris

1 colher (sopa) de manteiga sem sal
2-3 colheres (sopa) de óleo vegetal
500 g de cogumelo-de-paris limpo e cortado em quartos ou em fatias
1 dente de alho amassado (opcional)
salsa picada
⅔ de xícara (chá) de creme de leite light (150 ml)
4 fatias de torrada integral
sal marinho e pimenta-do-reino moída na hora

2 PORÇÕES

Aqueça a manteiga e o óleo em uma frigideira antiaderente. Adicione os cogumelos e refogue-os por 10 minutos, mexendo com frequência, até ficarem tenros e corados. Tempere a gosto.

Acrescente o alho (opcional) e a salsa e refogue por mais cerca de 1 minuto. Em seguida, adicione o creme de leite e cozinhe em fogo baixo por 2-3 minutos. Prove e acerte o tempero. Sirva imediatamente com a torrada.

Manteiga de castanhas é uma maneira incrível de inserir nutrientes na dieta de uma criança vegetariana. No entanto, muitos dos produtos industrializados, em especial o creme de amendoim, contêm gordura hidrogenada e glicose de milho com alto teor de frutose. Uma opção mais saudável é fazer a manteiga em casa, embora as crianças acostumadas aos produtos industrializados possam, a princípio, estranhar o gosto e a textura. Adicionamos mel para tornar a receita mais convidativa. Chame as crianças para ajudar no preparo.

manteiga de castanhas

1 xícara (chá) de castanhas com casca, como amêndoa, castanha-de-caju, amendoim ou avelã (165 g)
uma pitada de sal marinho
1 colher (sopa) de óleo vegetal
1 colher (sopa) de mel ou xarope de agave (opcional)

CERCA DE 1 XÍCARA (CHÁ) OU 250 ML

Preaqueça o forno a 175°C.

Espalhe as castanhas na assadeira, formando uma única camada, e asse-as no forno preaquecido por cerca de 10-20 minutos, até ficarem coradas, aromáticas e levemente tostadas. Se optar por castanhas de pele escura, como a amêndoa, fique atento ao aroma que exalam e, por garantia, não deixe passar de 20 minutos.

Transfira as castanhas para o processador (com a lâmina de picar) e adicione o sal. Bata até obter uma pasta. Se necessário, acrescente o óleo para diluir a mistura e adicione o mel, se desejar. A manteiga dura 2 semanas na geladeira em recipiente hermético.

Nota A manteiga caseira se separa mais do que a industrializada, o que é normal. Para que fique mais fácil misturá-la antes de servir, use um recipiente maior do que o volume da manteiga.

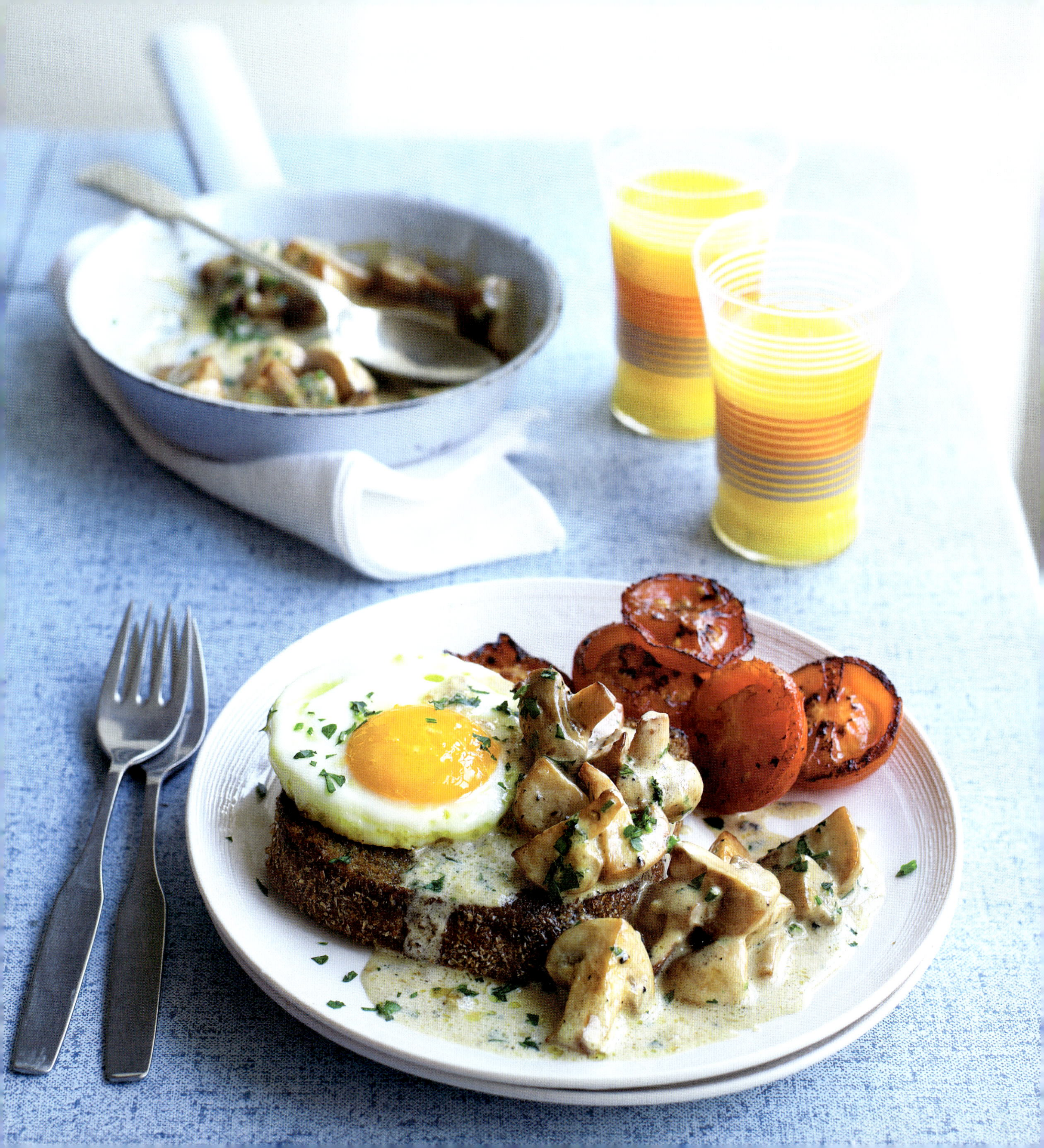

lanches
e lancheira

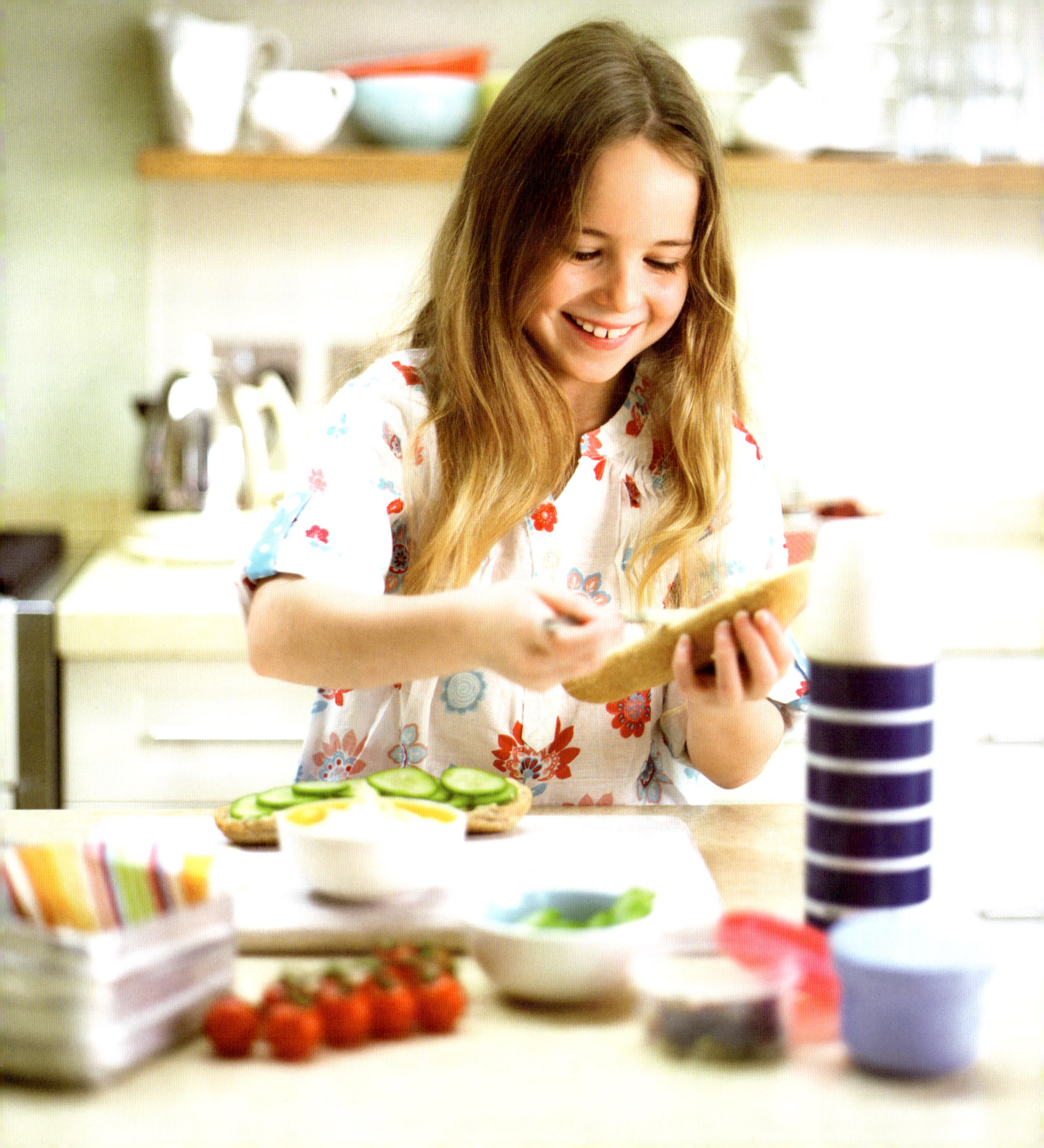

lanches e lancheira

Os wraps são bonitos e ótimas alternativas a sanduíches. As tortilhas de farinha são ideais para wraps, mas há marcas industrializadas de pão folha, feitas especialmente para wraps, devido à sua popularização. Se encontrar tortilhas de trigo integral, elas são a melhor opção. Esse recheio é bastante sofisticado e talvez não agrade a todas as idades. Para simplificar, experimente uma combinação de cream cheese e fatias finas de abacate.

wrap de abacate e grão-de-bico

4 tortilhas integrais ou outro pão folha
410 g de grão-de-bico cozido e escorrido
4 colheres (sopa) bem cheias de cottage
1 abacate maduro em fatias finas
1 tomate sem sementes, sem pele e em cubos
3-4 colheres (sopa) de cheddar inglês ralado na hora
alguns punhados de alface-romana em tiras e/ou sementes germinadas [como broto de alfafa]
um pouco de suco de limão-siciliano
óleo de canola ou azeite extravirgem, para temperar
sal marinho e pimenta-do-reino moída na hora

2-4 PORÇÕES

Prepare os wraps um por um. Coloque a tortilha sobre uma superfície lisa. Aplique um quarto dos grãos-de-bico no centro da folha, formando uma linha. Amasse levemente com um garfo, espalhando a leguminosa em metade da tortilha.

Cubra o grão-de-bico com 1 colher bem cheia de cottage. Acomode algumas fatias de abacate no centro.

Espalhe um pequeno punhado de tomate, um pouco de cheddar e algumas tiras de alface.

Esprema um pouco de limão, tempere levemente e finalize com um fio de óleo de canola.

Enrole a tortilha começando pela borda com recheio. Corte-a ao meio e sirva imediatamente, com o lado cortado voltado para baixo.

Outras opções de recheio para wrap

Cream cheese e pasta de cevada Faça a pasta com 1 xícara (chá) de cream cheese (200 g) e 1 xícara (chá) de cevada cozida (200 g). Tempere com uma pitada de sal com aipo e outra de alho torrado. Espalhe sobre a tortilha e cubra com tiras de aipo, pimentão vermelho, tiras de alface e cenoura ralada. Polvilhe com o queijo ralado na hora, esprema um pouco de suco de limão-siciliano e enrole.

Salada de tofu Amasse um pouco de tofu firme com algumas colheres (sopa) de maionese. Misture aipo e cebolinha picados, queijo ralado na hora e uma pitada de mostarda em pó. Tempere levemente com sal e pimenta. Espalhe sobre a tortilha, cubra com as tiras de alface e enrole.

Ovo, queijo e tomate Use ovos mexidos recém-preparados ou maionese de ovo. Espalhe sobre a tortilha. Cubra com cubos de tomate, polvilhe com queijo ralado na hora e enrole.

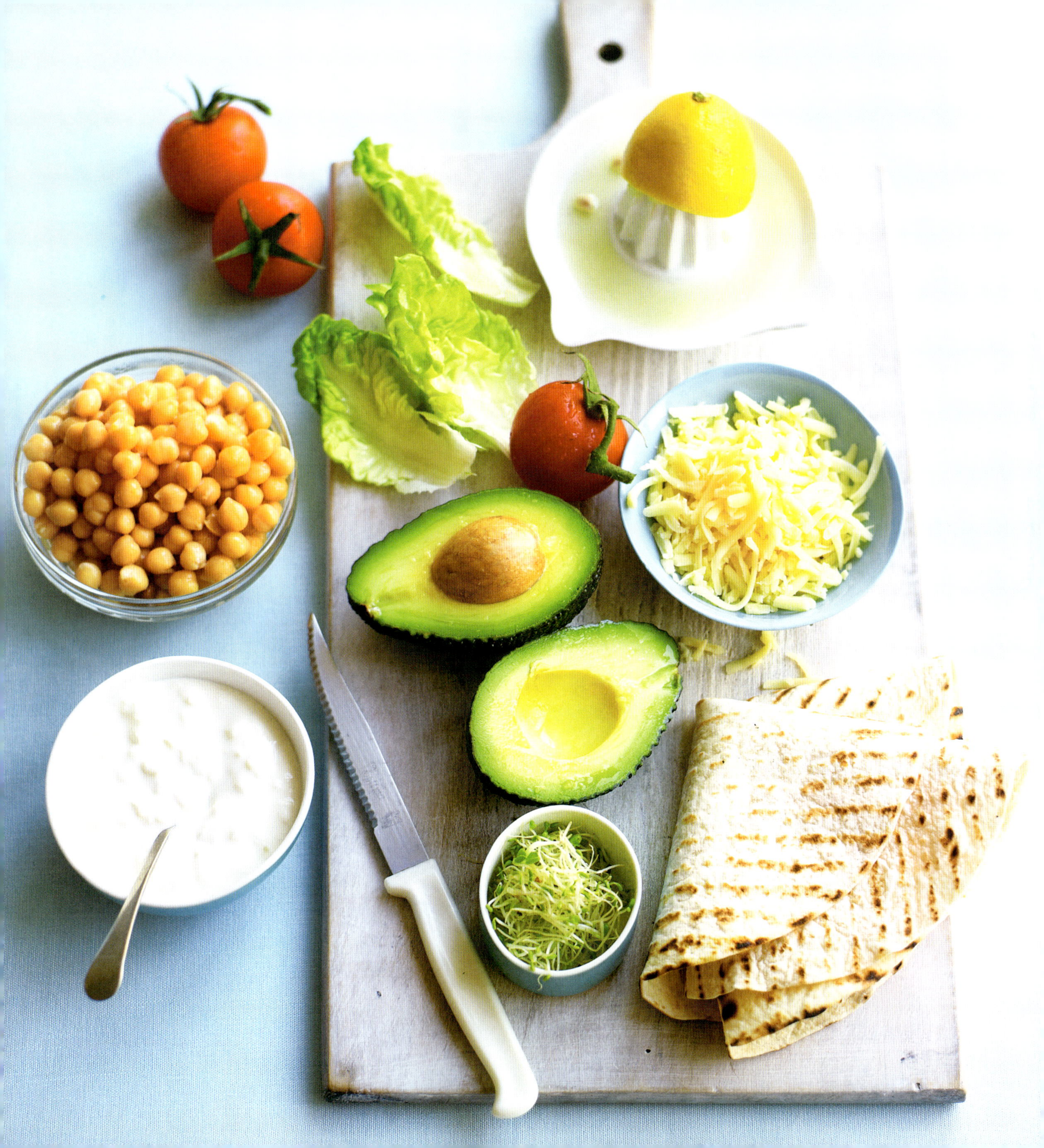

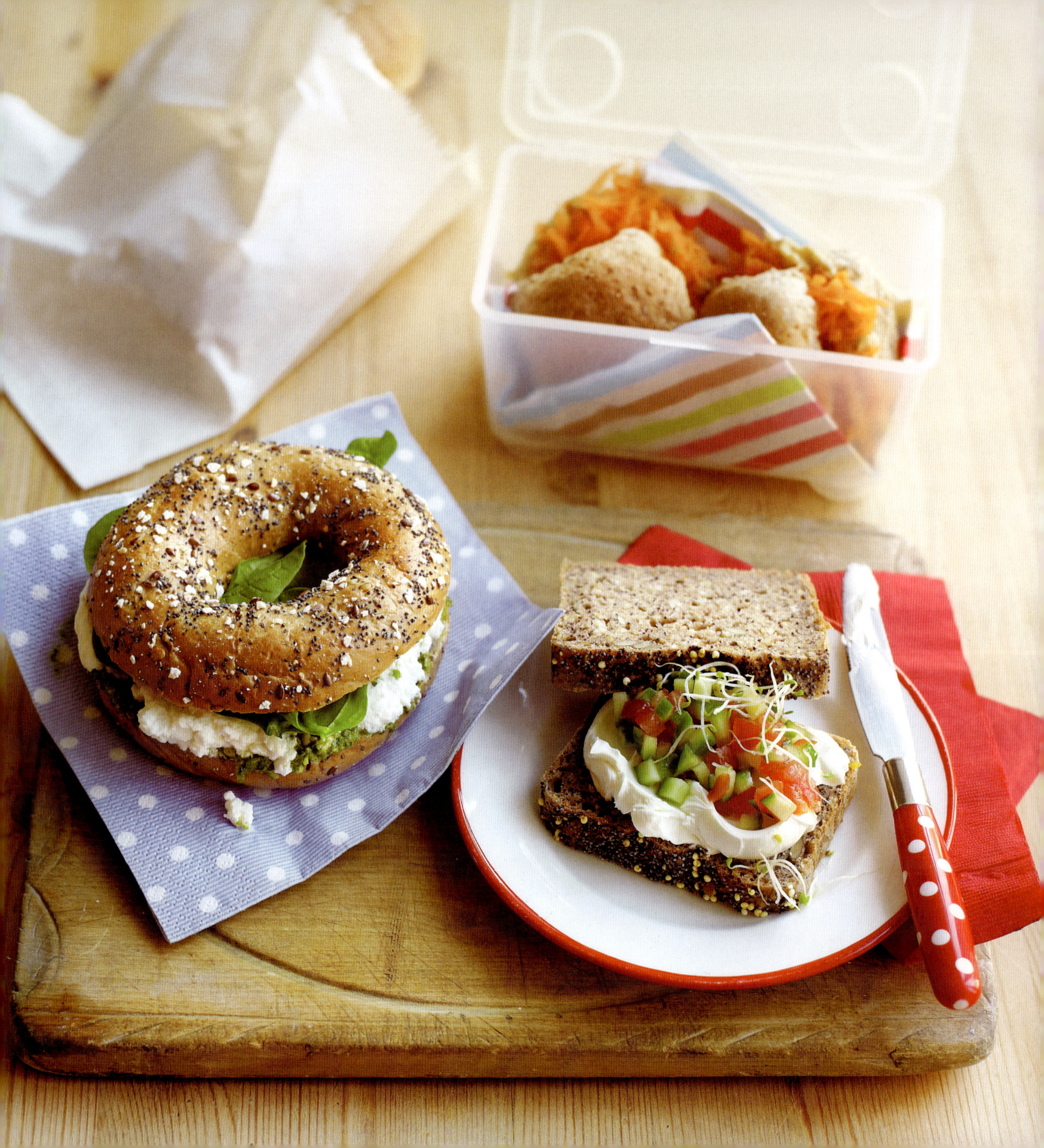

lanches e lancheira

sanduíches supernutritivos

Use pães integrais e orgânicos sempre que possível. Isso é particularmente importante para as crianças, uma vez que a quantidade de pesticida pode ser maior em grãos não refinados. Se seus filhos apreciam pães com semente, melhor ainda. Alguns gostam do pão de centeio do tipo alemão, que, em geral, não leva trigo e é repleto de semente. Use qualquer um dos recheios a seguir ou passe um pouco de manteiga no pão. Ou, também, pasta de levedura de cerveja, molho para salada, um fio de azeite e/ou vinagre balsâmico (sobre o recheio, para não empapar demais o pão) ou Pesto (p. 83).

Para alguns nutrientes extras, acrescente semente de girassol, misturada ou não a semente de abóbora, e talvez um pouco de linhaça, todas moídas, a qualquer um dos recheios sugeridos. Para moer as sementes, o melhor é usar um moedor de café. Moa pequenas porções e guarde na geladeira, em recipiente hermético, e assim elas duram 4-5 dias. Manteiga de castanhas ou sementes também é um recheio nutritivo (p. 36). No entanto, devido a alergias, produtos que contêm oleaginosas podem ser problemáticos. Por isso, informe-se sobre as regras da escola (ou outros grupos) antes de incluir na lancheira um sanduíche de pasta de amêndoa, por exemplo.

Evite embrulhar os sanduíches em embalagens descartáveis para reduzir a produção de lixo. Potes de plástico ou de aço inoxidável são reutilizáveis. Há certa controvérsia acerca dos plásticos "seguros" para o armazenamento de alimentos. Por isso, é recomendável usar recipientes livres de bisfenol A (BPA) e ftalatos.

Opções básicas para recheios

Cream cheese
+ aipo picado finamente e uva-passa branca

+ maçã ou cenoura ralada com ou sem azeitona picada

+ frutas secas, como damasco ou ameixa, picadas

+ fatias de pepino sem sementes com ou sem azeitona picada

Cottage
+ abacate amassado ou cortado em fatias finas com um fio de vinagre balsâmico

+ sementes germinadas e tomate picado com ou sem azeitona

+ abacaxi ou pêssego picado

+ abóbora-cheirosa ou abóbora cozida e levemente amassada

Cheddar inglês
+ fatias de queijo e tomate, tiras de alface, picles e molho pronto de sua preferência

+ queijo ralado na hora com feijão cozido e escorrido, amassado

+ queijo ralado na hora com Coleslaw (p. 48)

+ queijo ralado na hora com tomate cortado em cubos, maionese e tiras de alface ou espinafre

Ricota
+ misturada com Bolonhesa de vegetais (p. 125)

+ espinafre cozido e picado com qualquer uma das três opções de Pesto (p. 83)

+ milho-verde e/ou azeitona picada e queijo ralado na hora

Homus (p. 44)
+ cenoura ralada

+ pimentão vermelho sem miolo, sem sementes e cortado em fatias finas

+ tiras de alface ou espinafre com um fio de vinagre balsâmico

+ pinhole ou semente de gergelim

Outras opções

Tortilha de batata e pimentão (p. 52)

Bolinho de grão-de-bico (p. 51) com maionese e tiras de alface

Pasta de feijão e tofu (p. 44) com cenoura ralada, sementes germinadas ou tiras de alface

Manteiga de castanhas (p. 36) ou pasta de sementes com frutas secas picadas, como damasco

Creme de amendoim com mel e cenoura ralada ou banana amassada

Abacate amassado e tomate cortado em cubos com azeitona preta picada

lanches e lancheira

Vale a pena ter uma variedade de pastinhas saudáveis à mão. Elas podem fazer parte da lancheira das crianças ou ser servidas como aperitivo. As pastas industrializadas são opções práticas, mas fiz uma seleção de receitas saborosas e saudáveis para reduzir a quantidade de alimentos processados na dieta dos seus filhos.

homus

410 g de grão-de-bico cozido e escorrido
2 colheres (sopa) de tahine ou mais, a gosto
3 colheres (sopa) de azeite extravirgem, óleo de canola ou uma combinação de ambos
½ colher (chá) de sal marinho
suco de ½ limão-siciliano
1-2 colheres (sopa) de suco de maçã (opcional)

CERCA DE 2 XÍCARAS (CHÁ) OU 450 G

Coloque todos os ingredientes no processador e bata até obter uma mistura homogênea. Se a pasta ficar muito grossa, adicione água, 1 colher (sopa) de cada vez, para obter a consistência desejada. Prove e acerte o tempero; use o suco de maçã para adoçar, se desejar. O homus dura 2-3 dias na geladeira em recipiente hermético.

Variações Há vários ingredientes que podem ser misturados ao homus para realçar o sabor e ampliar a gama de nutrientes. Eis algumas opções: 2-3 tomates secos picados; um punhado grande de pimentões vermelhos em conserva picados; um punhado grande de azeitona picada; abóbora-cheirosa assada ou batata-doce em cubos; 1-2 colheres (sopa) de semente de girassol moída; um punhado grande de pinhole, cenoura e/ou beterraba ralada; ou um mix de ervas frescas picadas, como salsa, cebolinha-francesa e manjericão. Adicionar ingredientes frescos pode reduzir o tempo de geladeira. Na dúvida, prove uma pequena quantidade e/ou sinta o cheiro antes de servir.

pasta de feijão e tofu

410 g de mix de feijões cozidos e escorridos
4-7 colheres (sopa) de tofu macio
1 colher (sopa) de vinagre balsâmico
sal marinho e pimenta-do-reino moída na hora

CERCA DE 2 XÍCARAS (CHÁ) OU 500 ML

Coloque os feijões e 4 colheres (sopa) do tofu no processador e bata até obter uma mistura homogênea. Se desejar, adicione mais tofu para obter uma textura mais fina. Transfira para uma tigela, misture o vinagre e tempere a gosto. Sirva com palitos de legumes crus.

A pasta dura 2-3 dias na geladeira em recipiente hermético.

geleia de tomate

1 cebola pequena picada finamente
2-4 colheres (sopa) de óleo vegetal
325 g de tomate-cereja
1 dente de alho amassado
uma pitada de flocos de pimenta-calabresa (ou 1 pimenta verde sem sementes picada finamente)
uma pitada generosa de açúcar
um punhado grande de folhas de salsa ou coentro picadas (opcional)
1 colher (sopa) de suco de limão-siciliano ou vinagre balsâmico (opcional)
sal marinho e pimenta-do-reino moída na hora

CERCA DE 2 XÍCARAS (CHÁ) OU 450 G

Em uma frigideira média, refogue a cebola no óleo.

Adicione o tomate, o alho, a pimenta e o açúcar. Tempere levemente. Mexa bem, tampe a frigideira e continue a refogar em fogo baixo por mais cerca de 10 minutos, mexendo de vez em quando com uma colher de pau, até que os tomates se desfaçam. Se a mistura estiver seca, adicione um pouco mais de óleo.

Prove e acerte o tempero. Misture as ervas e o suco de limão.

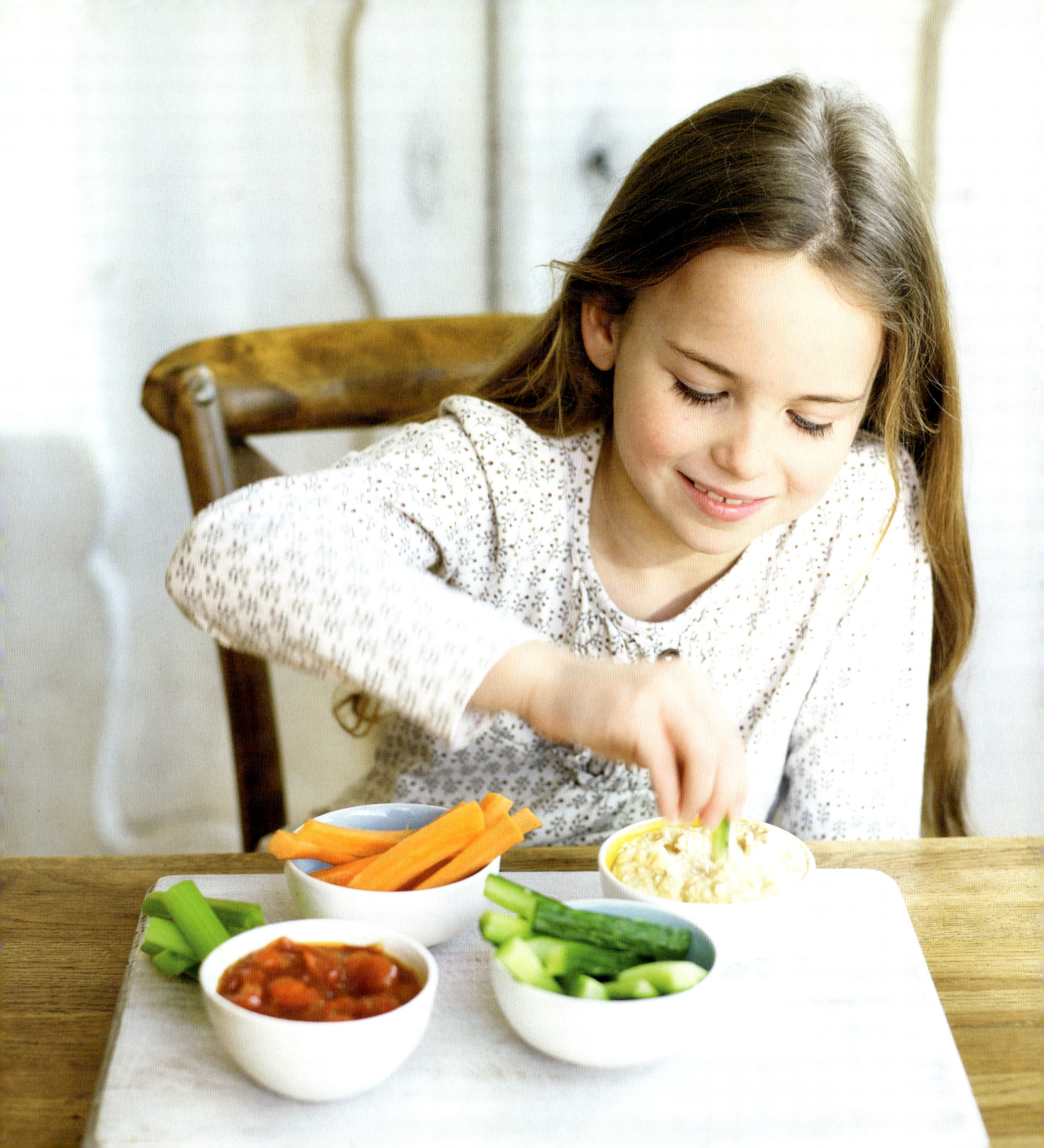

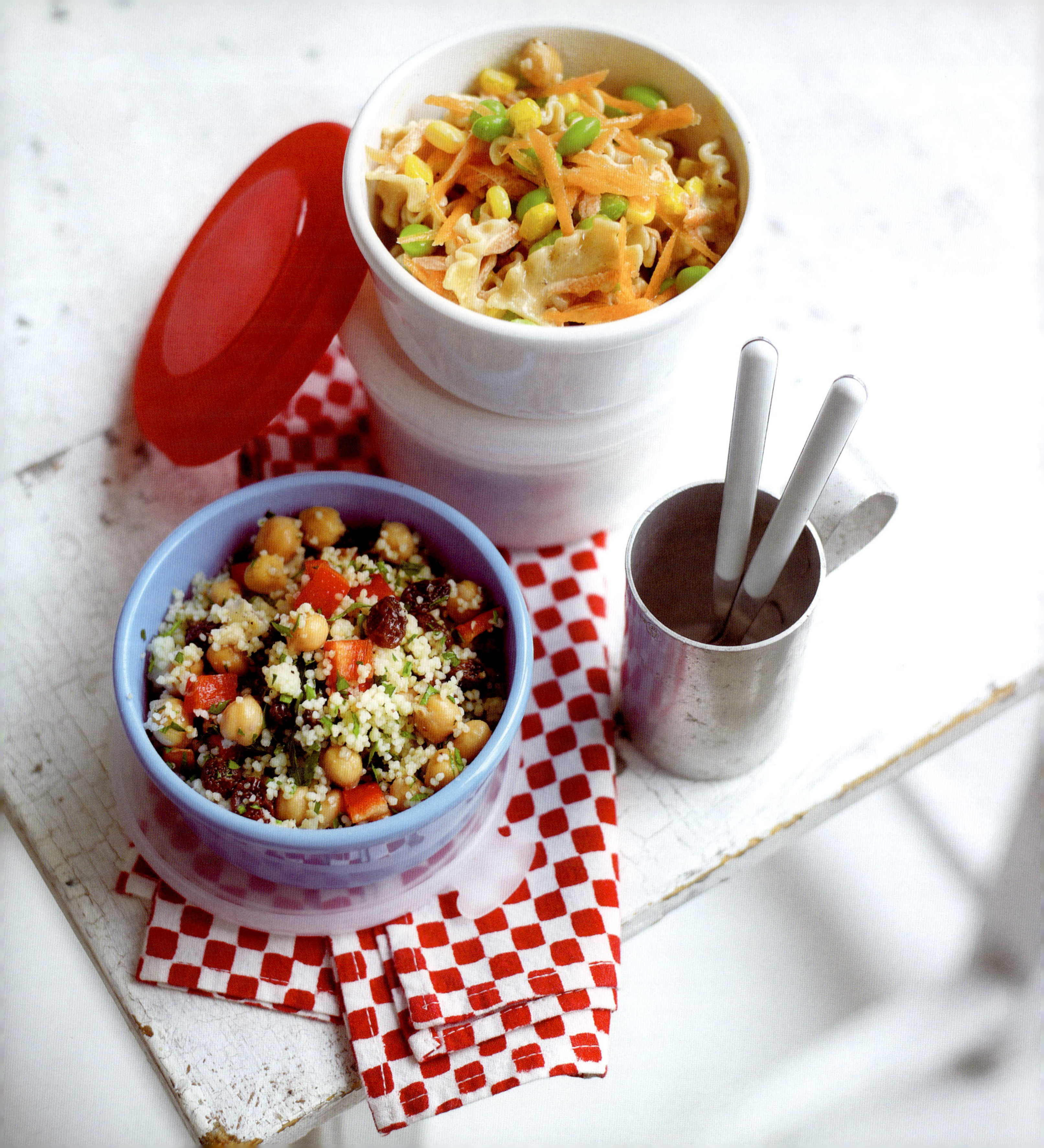

Em geral, esta é uma salada para adultos. A receita é convencional, mas leva ingredientes que agradam as crianças. Se os seus filhos gostam de alguns, mas não de todos, faça os ajustes necessários. Mesmo uma combinação simples como cuscuz e uva-passa já garante uma salada deliciosa e bastante nutritiva. Incluí opções menos comuns nas variações. O gosto dela melhora com o tempo, por isso o ideal é prepará-la com antecedência.

salada de cuscuz marroquino

1 xícara (chá) de cuscuz marroquino (225 g)
410 g de grão-de-bico cozido e escorrido
½ xícara (chá) de uva-passa (75 g)
½ colher (sopa) de folhas de salsa picadas
½ pimentão vermelho em cubos
um punhado de pinhole
suco de ½-1 limão-siciliano
4-7 colheres (sopa) de azeite extravirgem
sal marinho e pimenta-do-reino moída na hora

6-8 PORÇÕES PEQUENAS

Prepare o cuscuz conforme as instruções da embalagem. Deixe esfriar e transfira para uma tigela grande. Adicione o grão-de-bico, a uva-passa, a salsa, o pimentão e o pinhole. Esprema ½ limão e acrescente 4 colheres de azeite. Tempere levemente e misture. Experimente e adicione mais suco de limão ou azeite se desejar.

Variações Alguns dos ingredientes que podem ser cortados em cubos pequenos e adicionados à receita básica, ou servir como substitutos, são: aipo, tomate-cereja sem sementes, echalota, erva-doce, abóbora-cheirosa cozida, abóbora ou batata-doce assadas, tangerina ou laranja e uva sem sementes.

Esta receita tem tudo para agradar a família toda. Ela é ótima para qualquer dia da semana. Todo tipo de massa serve, incluindo o macarrão com ovos comum, mas também é possível usar um mix dele com o integral. Sempre que possível, opte por formatos pequenos, pois permitem que os vegetais entranhem na massa.

salada de macarrão

2 xícaras (chá) de macarrão no formato que desejar (200 g)
1 xícara (chá) de edamame ou feijão-de-lima fervido rapidamente (140 g)
1 xícara (chá) de milho-verde (165 g)
2 cenouras raladas
4-6 colheres (sopa) de maionese
suco de ½ limão-siciliano
um punhado de folhas de salsa picadas (opcional)
sal marinho e pimenta-do-reino moída na hora

6-8 PORÇÕES PEQUENAS

Cozinhe o macarrão conforme as instruções da embalagem. Deixe esfriar e transfira para uma tigela. Misture o edamame, o milho, a cenoura e a maionese. Adicione o limão e a salsa. Tempere a gosto. Misture, prove e acerte o tempero. Cubra e deixe na geladeira até a hora de servir.

Variação Para uma Salada de macarrão com pesto, use 2 colheres (sopa) de maionese e 2 colheres (sopa) de Pesto (p. 83). Acrescente maionese e/ou pesto a gosto.

É possível cortar o repolho com a faca, mas, depois que passei a usar o processador com a cenoura, não larguei mais a lâmina de ralar. O resultado é diferente das saladas industrializadas em termos de textura, mas é até mais fácil de comer quando o repolho é ralado, especialmente para quem tem dentes pequenos, sem falar que faz menos sujeira como recheio de sanduíche. A mistura de repolho branco e roxo aumenta o valor nutricional e colore o prato, mas também é possível usar apenas o repolho branco se preferir uma salada mais convencional. A maçã substitui o açúcar, que aparece em muitas receitas. Se desejar, adicione semente de girassol moída a cada porção, logo antes de servir.

coleslaw

200 g de repolho roxo sem miolo
375 g de repolho sem miolo
200 g de cenoura – com casca se for orgânica
1 maçã pequena descascada
⅓ de xícara (chá) de maionese (cerca de 100 g)
suco de ½ limão-siciliano
½ colher (chá) de sal marinho
um punhado grande de uva-passa branca (opcional)
semente de girassol moída (opcional)

8-10 PORÇÕES PEQUENAS

Passe os dois tipos de repolho, a cenoura e a maçã no processador com a lâmina de ralar. Transfira os ingredientes ralados para uma tigela grande, adicione a maionese, o suco de limão e o sal. Misture bem. Adicione a uva-passa (opcional). Prove e acerte o tempero, adicionando mais sal, limão e maionese conforme necessário. Cubra e deixe na geladeira até a hora de servir.

Na minha infância, esta salada era presença certa nos mercados da vizinhança. Naquela época, ela era feita com vagem enlatada, empapada e nada apetitosa. Atualizei a receita com vagens frescas, melhorando o sabor e a aparência do prato. A quinoa cozida é um complemento saboroso e nutritivo.

salada de leguminosas

200 g de vagem-francesa
410 g de grão-de-bico cozido e escorrido
410 g de feijão-vermelho cozido e escorrido
2-3 ramos de cebolinha picada finamente
um punhado grande de folhas de salsa picadas (opcional)

PARA O MOLHO
1 colher (chá) de mostarda de Dijon
1 colher (sopa) de vinagre de vinho tinto
5 colheres (sopa) de azeite extravirgem
sal marinho e pimenta-do-reino moída na hora

6-8 PORÇÕES PEQUENAS

Para o molho, misture a mostarda, o vinagre e uma boa pitada de sal em uma tigela grande. Acrescente o azeite aos poucos, uma colherada por vez, até engrossar a mistura. Se desejar um molho um pouco mais ácido, adicione mais 1 colher (sopa) de vinagre. Reserve.

Leve uma panela com água à fervura. Apare a vagem e cozinhe-a em água fervente por cerca de 5 minutos, até ficar tenra. Escorra e deixe esfriar sob água corrente. Seque com papel-toalha e corte em rodelas pequenas (cerca de 0,5 cm de espessura). Coloque a vagem, o grão-de-bico e o feijão na tigela do molho e misture bem. Prove e acerte o tempero. Adicione a cebolinha e a salsa (opcional). Cubra e deixe na geladeira até a hora de servir.

Variação Nem todos gostam de feijão-vermelho (talvez pela textura). Nesse caso, ele pode ser substituído por pepino sem sementes cortado em cubos, pimentão vermelho ou verde também cortado em cubos ou tomate-cereja picado.

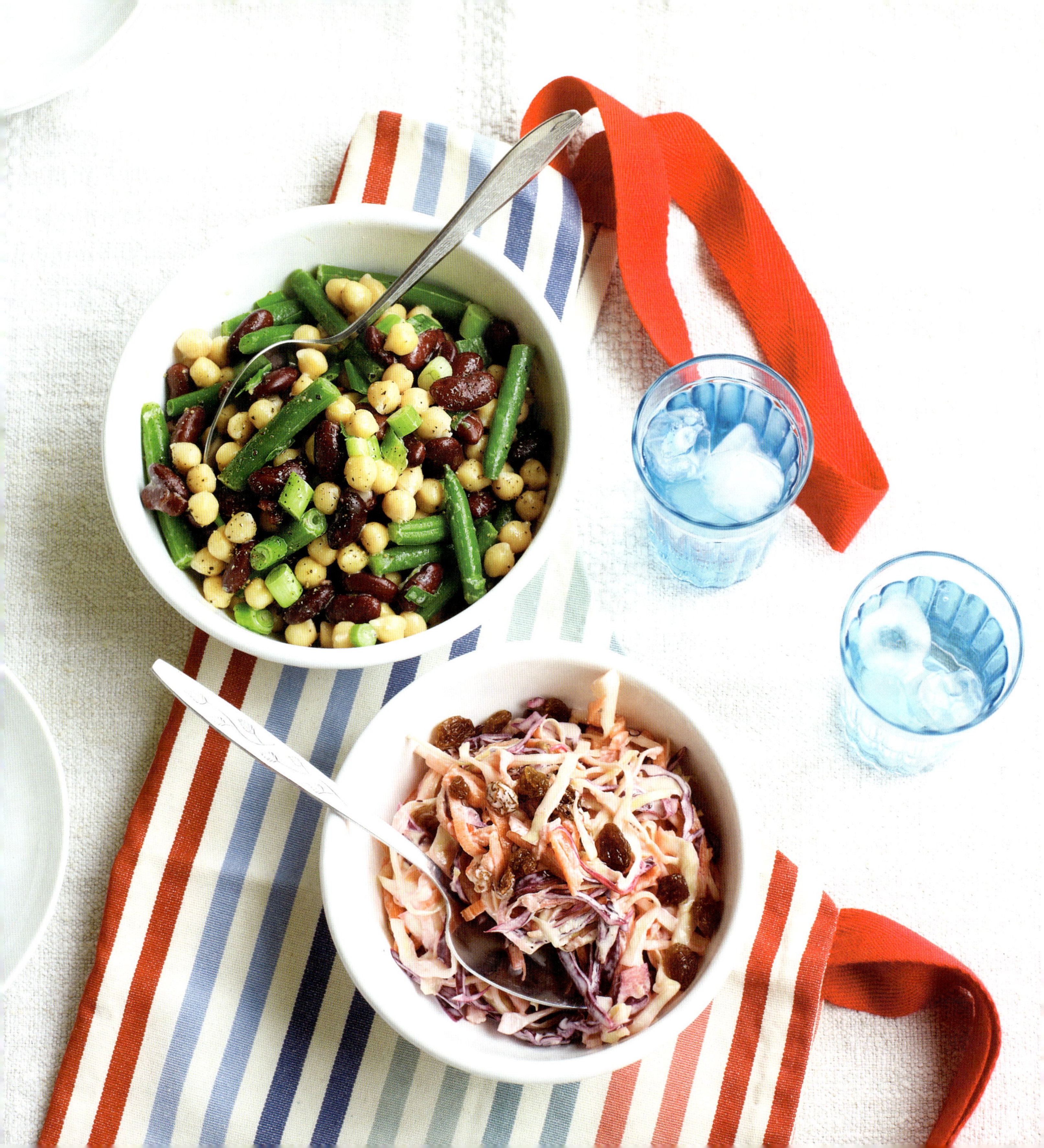

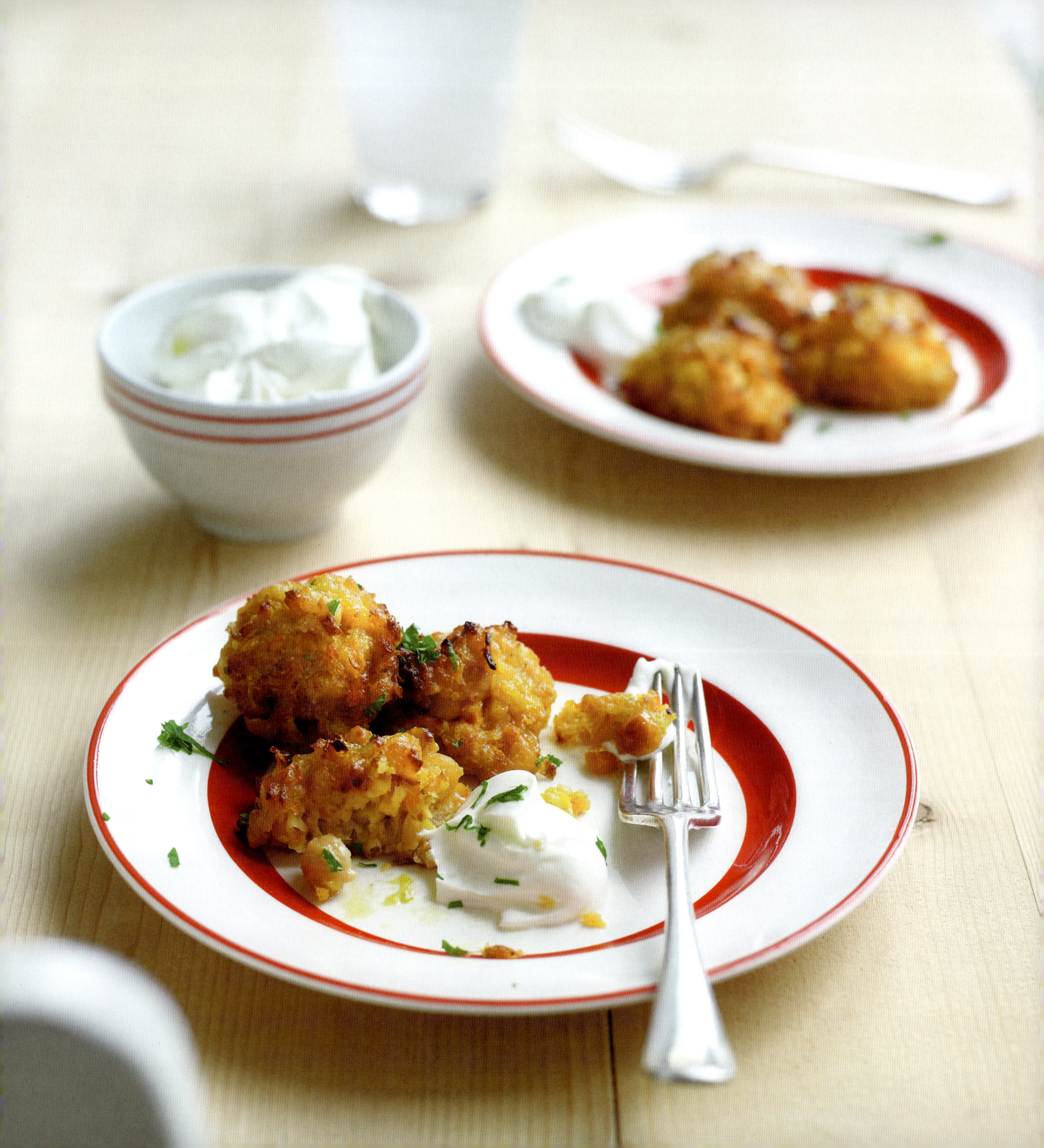

lanches e lancheira

Estes bolinhos são práticos e rápidos de preparar, e sempre é possível convocar ajudantes mirins para moldá-los. Eles ficam deliciosos com iogurte grego, mas também com ketchup. Podem ser requentados, então vale a pena fazer uma quantidade maior para comer nos dias seguintes ou congelar (descongele-os antes de reaquecer). Sirva com arroz integral e legumes crus, como pepino, tomate-cereja, cenoura e aipo. São ainda um ótimo recheio para sanduíche, com maionese e tiras de alface.

bolinho de grão-de-bico

1 cebola pequena picada grosseiramente
1 cenoura picada grosseiramente
1 talo de aipo picado grosseiramente
1 dente de alho descascado
2-3 colheres (sopa) de azeite extravirgem ou óleo de canola
410 g de grão-de-bico cozido e escorrido
2 colheres (sopa) cheias de maionese
2 colheres (sopa) de farelo de aveia
1 colher (sopa) de farinha de trigo integral fina
suco de ½ laranja
sal marinho e pimenta-do-reino moída na hora
iogurte grego sem adição de açúcar, para servir (opcional)

assadeira antiaderente untada levemente

12-15 UNIDADES

Preaqueça o forno a 200°C.

No processador, triture bem a cebola, a cenoura, o aipo e o alho.

Aqueça o azeite em uma frigideira antiaderente. Quando o azeite estiver quente, adicione a mistura de legumes, tempere com sal e pimenta e refogue por 3-5 minutos, mexendo até ficarem macios. Não deixe a mistura corar, para o alho não ficar amargo. Deixe esfriar um pouco.

Passe o grão-de-bico, a maionese, a aveia, a farinha e o suco de laranja no processador, deixando sobrar pequenos pedaços de grão-de-bico; o resultado não deve ficar totalmente homogêneo. Transfira para uma tigela grande. Adicione os legumes refogados e mexa bem. Prove e acerte o tempero.

Modele a mistura em bolinhas do tamanho de uma noz e acomode-as na assadeira já untada. Asse em forno preaquecido por 30-40 minutos, até dourarem. Sirva os bolinhos quentes, mornos ou em temperatura ambiente.

Variação Para adultos e crianças de paladar mais sofisticado, substitua a laranja por limão-siciliano e adicione à mistura uma pimenta-malagueta sem sementes bem picada e um punhado grande de ervas frescas, como coentro ou salsa, logo antes de moldar os bolinhos. Para um molho "adulto", misture hortelã picada, alho amassado e pepino ralado ao iogurte.

lanches e lancheira

Esta é uma versão assada da tortilha espanhola, com pimentões e queijo para conferir um sabor a mais. Pode ser servida quente, com salada, no almoço ou jantar, mas também fica ótima fria, para levar na lancheira. Funciona ainda como recheio para sanduíches: corte-a em fatias finas e coloque-as no pão com um pouco de maionese.

tortilha de batata e pimentão

450 g de batata cerosa
2-3 colheres (sopa) de azeite extravirgem
1 cebola fatiada
1 pimentão vermelho sem sementes e fatiado
6 ovos
4 colheres (sopa) de leite
um punhado grande de salsa ou cebolinha--francesa (opcional)
1 xícara (chá) de cheddar inglês ralado na hora (100 g)
sal marinho e pimenta-do--reino moída na hora

12 PORÇÕES

Coloque as batatas em uma panela grande com água suficiente para cobri-las. Cozinhe em fogo baixo até ficarem macias. Escorra. Deixe esfriar até que seja possível manuseá-las. Em seguida, descasque-as e corte-as em fatias finas. Reserve.

Preaqueça o forno a 200°C.

Aqueça o azeite em uma frigideira e refogue a cebola e o pimentão por 3-5 minutos, até ficarem macios. Tempere levemente.

Bata os ovos e o leite em uma tigela e adicione as ervas, se desejar. Tempere com 1 colher (chá) de sal e uma pitada de pimenta.

Distribua a mistura de cebola e pimentão em uma assadeira antiaderente (25 cm × 25 cm) previamente untada. Cubra com as fatias de batata e polvilhe com o queijo. Despeje os ovos batidos com leite, inclinando a assadeira, para cobrir tudo por igual.

Asse no forno preaquecido por 20-25 minutos, até crescer e assentar. Dura 2-3 dias na geladeira em recipiente hermético.

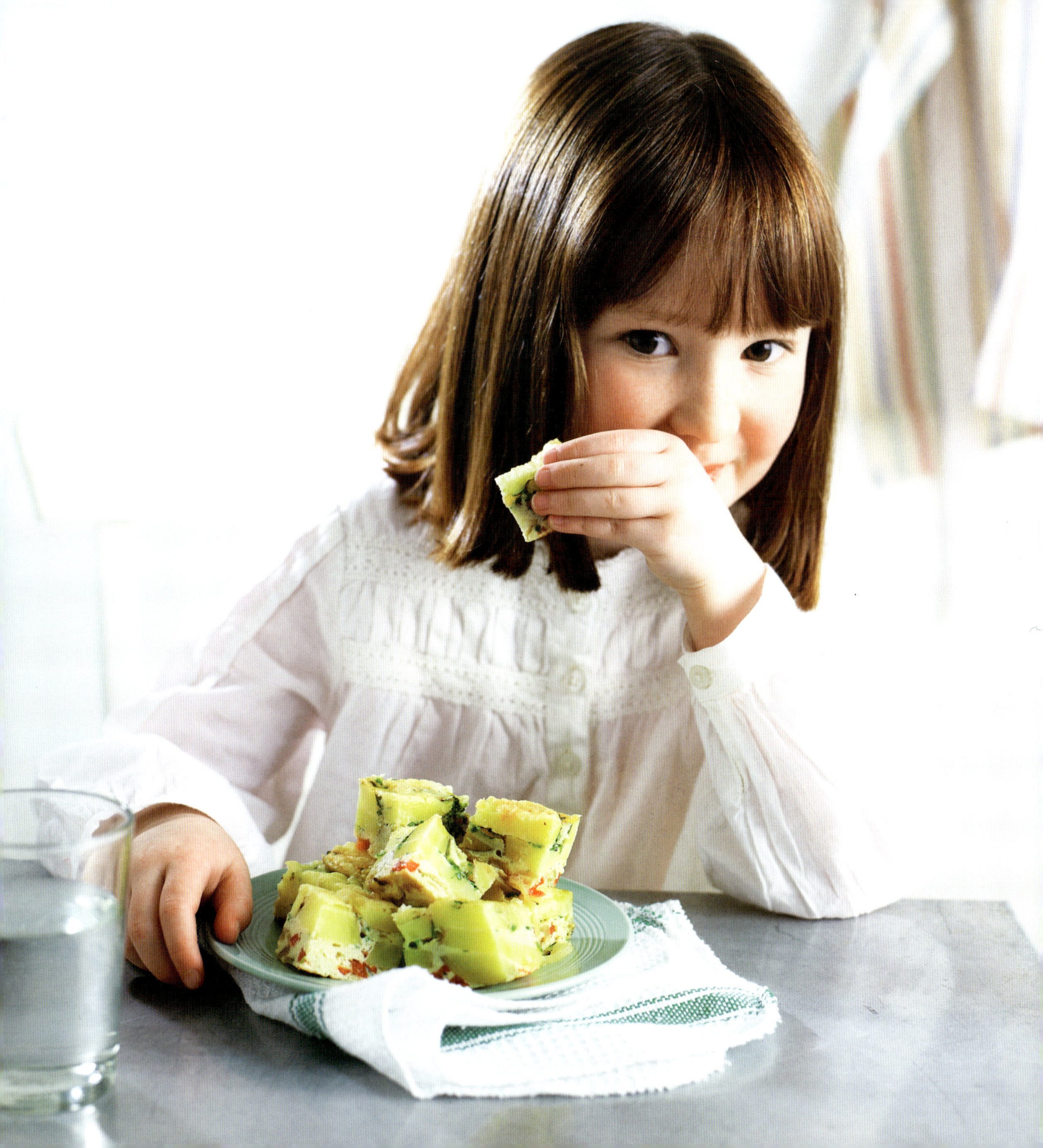

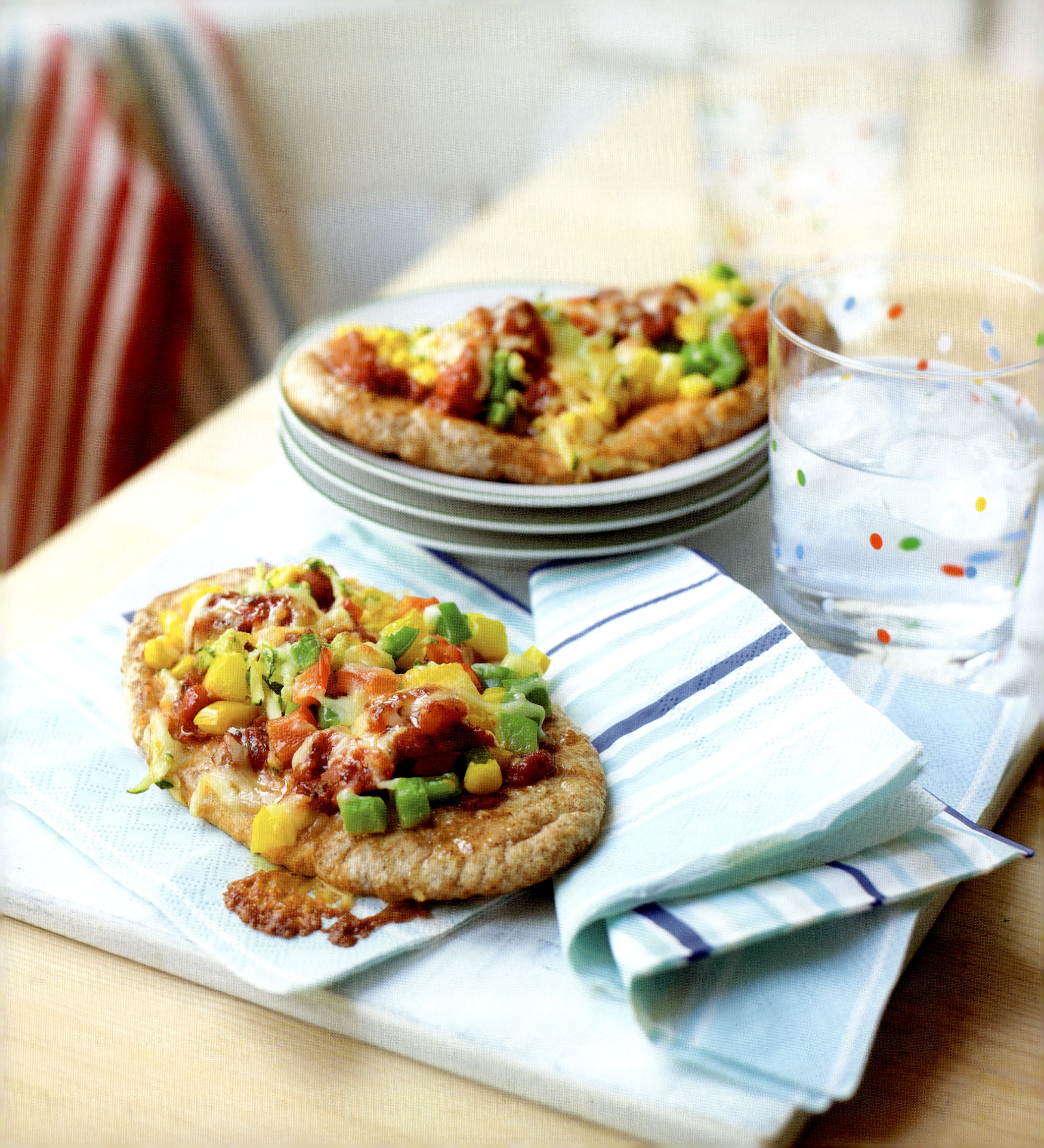

Oferecer refeições saudáveis e gostosas para crianças não deveria ser complexo. Às vezes, o que falta são apenas ideias. Aí vai uma, então. Outros tipos de pão podem substituir o pita – bagels e baguetes integrais ficam especialmente interessantes. Se conseguir convencer seus filhos a comer a ponta do pão de fôrma integral, ela pode ser uma boa base de pizza. Há vários molhos de tomate prontos de qualidade – procure os que têm menos sal e açúcar. Se quiser envolver as crianças no preparo das refeições, essa é uma boa maneira de começar. Com um pouco de supervisão, elas podem montar a pizza sozinhas e escolher a própria cobertura.

pizza de pão pita

4 pães pita integrais (veja a introdução da receita para outras sugestões)
350 g de molho de tomate pronto
2 xícaras (chá) de cheddar inglês ou muçarela ralada na hora (200 g)

SUGESTÕES DE COBERTURA
milho-verde
azeitona preta em rodelas
pimentão em cubos
salsicha vegetal em rodelas
cogumelo-de-paris fatiado
tomate fatiado
cebola ralada
abobrinha ralada
abóbora-cheirosa ralada
feijão cozido

4 UNIDADES

Preaqueça o forno e forre a assadeira com papel--alumínio para protegê-la dos respingos.

Coloque os pães sobre uma superfície lisa. Espalhe uma boa camada de molho sobre eles e polvilhe-os com queijo.

Acomode a cobertura de sua preferência sobre o queijo. Asse as pizzas em forno preaquecido por 4-5 minutos, até gratinar.

Sirva imediatamente, tomando cuidado com o queijo derretido, que estará muito quente.

lanches e lancheira

Esta é uma excelente opção de lanche para o recreio ou depois da escola, substituindo o sanduíche. Ele fica bom sozinho ou com cream cheese. Também é ótimo para o café da manhã, quando se tem pressa. Mas a intenção aqui é servi-lo como acompanhamento de uma das sopas rápidas e fáceis das pp. 64-71. A receita é perfeita para preparar com as crianças, mas, se preferir, faça um pão grande, o que sem dúvida agiliza o processo.

scone com queijo e semente de girassol

- 1 xícara (chá) de farinha de trigo (125 g)
- 1 xícara (chá) de farinha de trigo integral fina (125 g)
- ¼ de colher (chá) de sal marinho
- 1 colher (chá) cheia de fermento em pó
- 75 g de manteiga sem sal em temperatura ambiente cortada em pedaços
- ⅔ de xícara (chá) de leite (150 ml)
- ½ xícara (chá) de cheddar inglês ralado na hora (65 g)
- 2 colheres (sopa) de semente de girassol

assadeira antiaderente levemente untada

8 UNIDADES

Preaqueça o forno a 180°C.

Coloque os dois tipos de farinha, o sal e o fermento em uma tigela. Adicione a manteiga e trabalhe a massa com a ponta dos dedos, até ficar esfarelada.

Adicione o leite e misture. A massa deve ficar leve (se estiver acostumado a trabalhar apenas com farinha branca, notará que ela vai ficar um pouco mais pesada). Acrescente o queijo e a semente de girassol.

Em uma superfície levemente enfarinhada, abra a massa com um rolo até chegar a cerca de 4 cm de espessura. Com uma faca grande e afiada, corte a massa em oito pedaços até quase a base, deixando uma parte sem cortar. A ideia é marcar as porções para depois separá-las.

Transfira a massa com cuidado para a assadeira já untada e leve ao forno preaquecido por 25-35 minutos, até crescer e dourar. Sirva morno ou em temperatura ambiente. Dura 2-3 dias em recipiente hermético.

Variação Para adultos e crianças de paladar sofisticado, substitua o cheddar por queijo azul e a semente de girassol por 3 colheres (sopa) de nozes picadas. Outra opção é o queijo feta no lugar do cheddar e tomate seco ou azeitonas pretas em vez da semente.

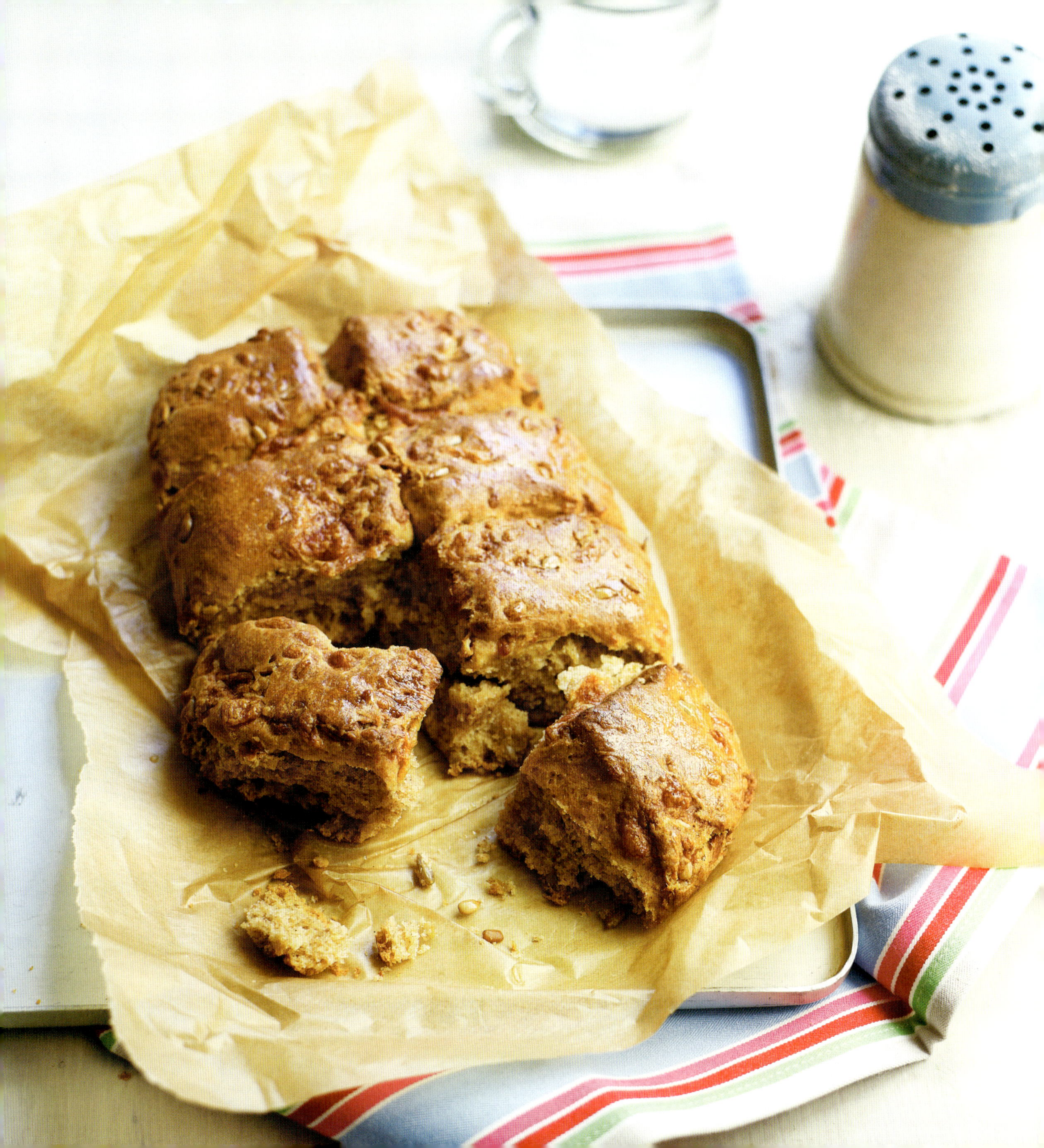

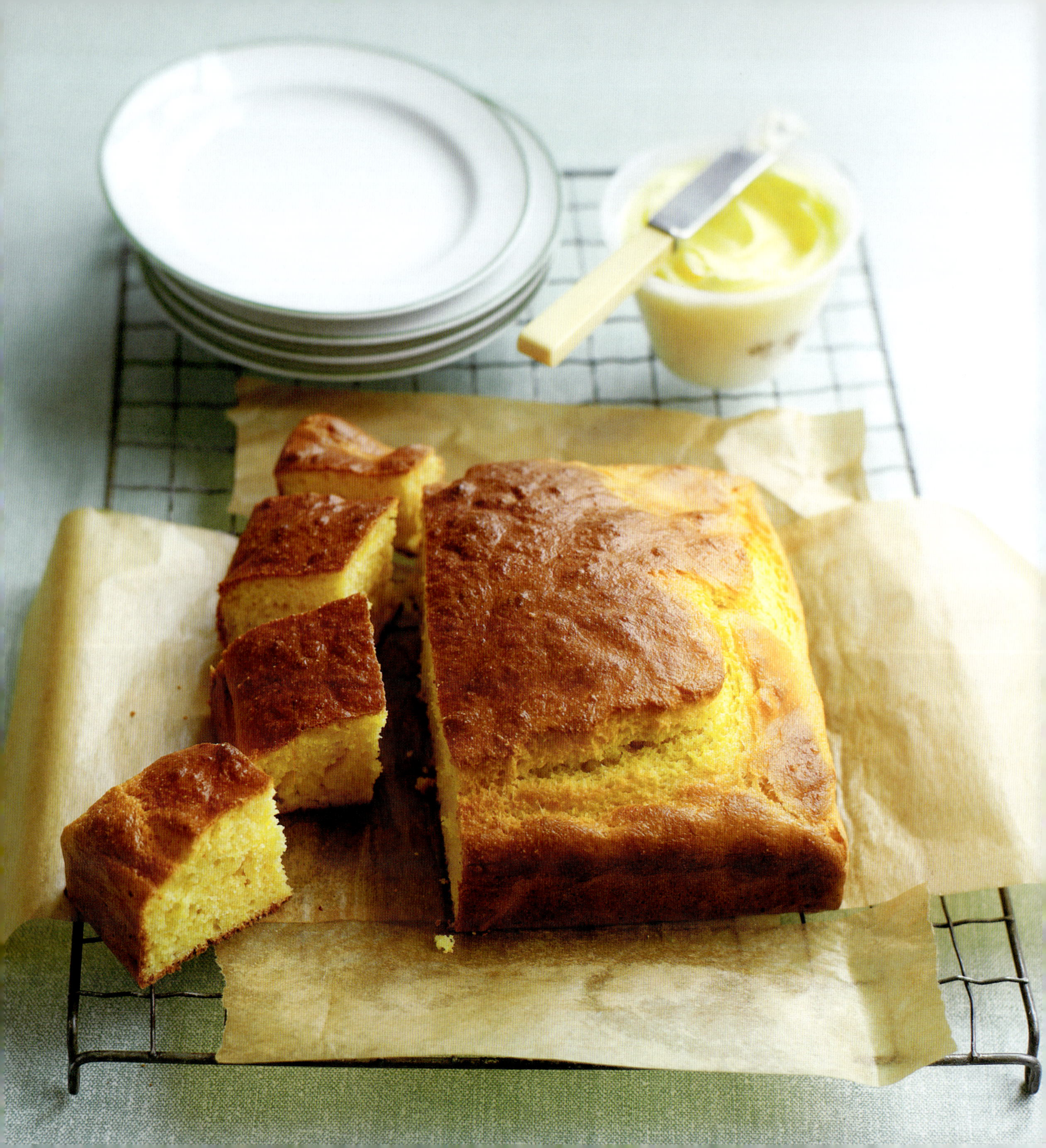

lanches e lancheira

Este é um pão clássico da culinária americana, e há boas razões para isso. Ele é rápido de fazer e ótimo a qualquer hora do dia. Lembra a consistência do bolo e pode até ser adoçado com mel, como a maioria das crianças gosta. O pão de milho é excelente para levar na lancheira, mas também funciona como lanche depois da escola, como acompanhamento para sopas e cozidos no jantar e com manteiga no café da manhã. É possível ainda preparar muffins usando a mesma receita.

pão de milho

- 1 xícara (chá) de fubá (175 g)
- 1 xícara (chá) de farinha de trigo (150 g)
- 2 colheres (chá) de fermento em pó
- ¼ de colher (chá) de sal marinho
- 1 ovo batido
- 1 xícara (chá) de iogurte natural ou leitelho [p. 23] (250 ml), e leite extra, se necessário
- 2 colheres (sopa) de mel (opcional)
- 3 colheres (sopa) de óleo vegetal ou manteiga sem sal derretida

assadeira alta de 18 cm x 18 cm untada com bastante manteiga

12-16 PORÇÕES

Preaqueça o forno a 190°C.

Misture bem o fubá, a farinha, o fermento e o sal em uma tigela.

Em outro recipiente, bata bem o ovo, o iogurte, o mel (se desejar) e o óleo. Despeje a mistura líquida nos ingredientes secos e mexa. Se a massa estiver pesada, adicione leite aos poucos. A mistura pesada deixa o pão de milho seco. Por isso, acrescente leite o suficiente para que a massa fique leve, nem tão diluída como a de bolo, mas não tão densa quanto a de pão.

Distribua a mistura na assadeira com uma colher e leve ao forno preaquecido por 25-30 minutos, até que as bordas dourem e a faca saia limpa quando inserida no centro. Deixe esfriar por alguns minutos antes de desenformar. Sirva morno ou em temperatura ambiente.

Variações É possível adicionar vários ingredientes à receita básica. As opções vão desde milho-verde e pimentão (vermelho ou verde) até cebolinha, queijo (ralado ou cortado em cubos pequenos), pesto, ervas, nozes e sementes. É melhor retirar o mel caso decida incluir alguns desses ingredientes.

lanches e lancheira

Esta receita leva um mix de farinhas e geleia com baixo teor de açúcar, o que a torna uma guloseima mais saudável para levar na lancheira ou comer depois da escola. As castanhas agregam valor nutricional, assim como as sementes. Qualquer sabor de geleia serve, ou combine dois tipos para criar algo diferente.

barrinha de geleia e castanhas

1 xícara (chá) de farinha de trigo integral fina (160 g)
1½ xícara (chá) de farinha de trigo (230 g)
1 xícara (chá) de açúcar (230 g)
175 g de manteiga sem sal
uma pitada de sal marinho
560 g de geleia ou siga a receita da p. 24
1 xícara (chá) de castanhas mistas sem sal (110 g), como nozes, pecã e avelã
2-3 colheres (sopa) de linhaça ou semente de girassol moída

assadeira de 20 cm x 30 cm forrada com papel-manteiga untado levemente com óleo

12-15 UNIDADES

Preaqueça o forno a 180°C.

Coloque os dois tipos de farinha, o açúcar, a manteiga e o sal no processador e bata até obter uma consistência de farofa. Ou junte esses ingredientes em uma tigela grande e trabalhe a massa com a ponta dos dedos, até ficar esfarelada.

Espalhe um pouco mais da metade da mistura uniformemente sobre a assadeira já untada, firmando bem. Espalhe a geleia por cima, formando uma camada homogênea.

Misture as castanhas e sementes com o restante da massa. Espalhe (sem pressionar) sobre a geleia, para cobrir de maneira uniforme.

Asse no forno preaquecido por 25-35 minutos, até as bordas dourarem. Deixe esfriar um pouco na assadeira para, então, cortar em barras.

As barrinhas duram 7-10 dias na geladeira em recipiente hermético.

SEMENTES E CASTANHAS
Elas deveriam constar na dieta de toda criança vegetariana. Porém, com tantos problemas de alergia, isso costuma ser difícil. Se o seu filho tolera esses ingredientes, não deixe de incluí-los sempre que possível. São uma boa fonte de proteína, ácidos graxos essenciais, cálcio, magnésio e zinco. Mantenho um estoque de sementes moídas e castanhas à mão para acrescentar aos pratos.

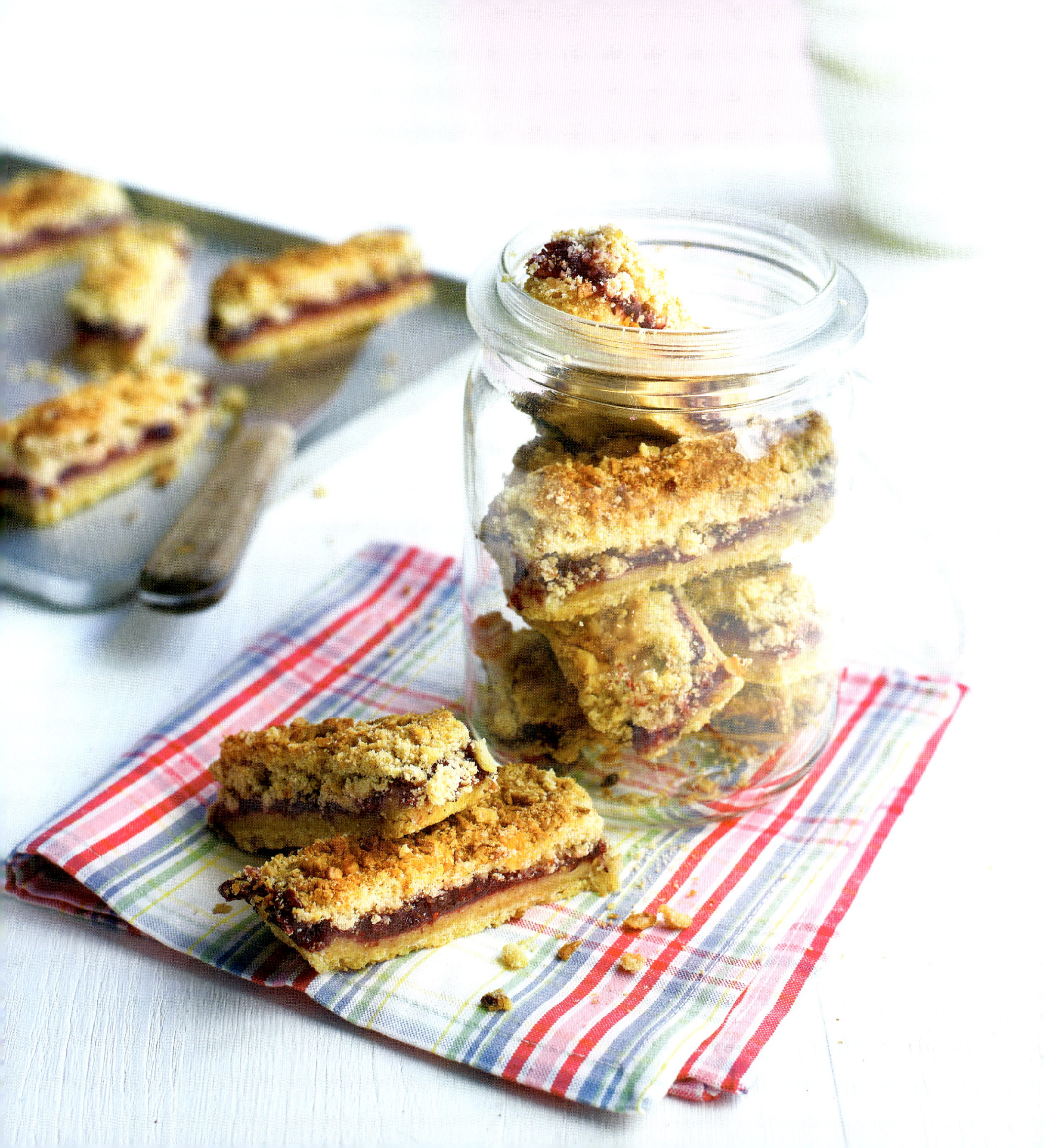

sopas e pratos rápidos

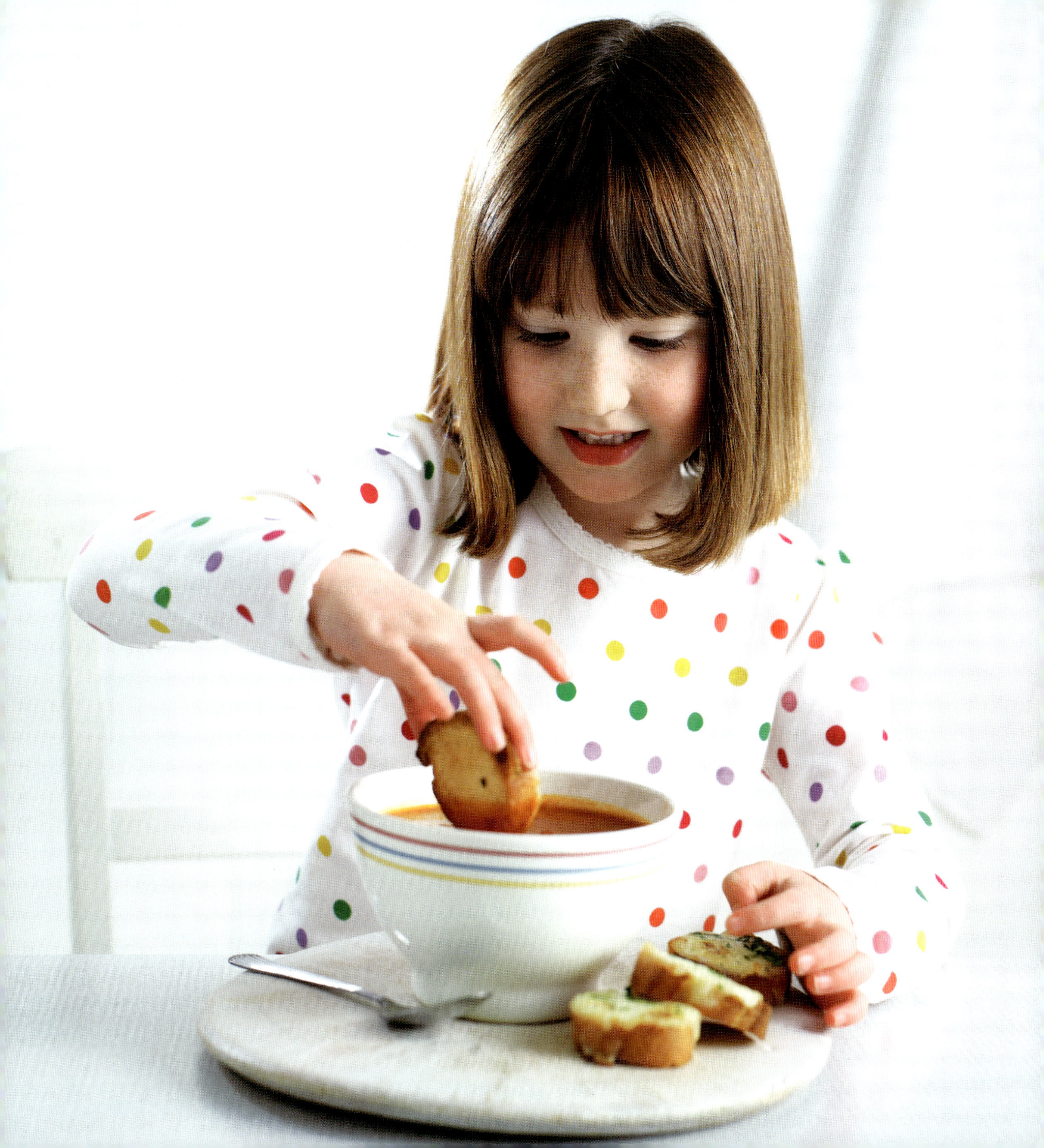

sopas e pratos rápidos

Há duas maneiras de servir este prato, dependendo da preferência dos jovens comensais. Eles podem optar por torradas de queijo dentro da sopa ou como acompanhamento.

sopa de pizza

2-3 colheres (sopa) de óleo de canola
500 g de cebola em fatias finas
um punhado de folhas de salsa picadas (opcional)
um pouco de vinho tinto (opcional)
400 g de tomate pelado picado
1 colher (sopa) de ketchup
uma pitada de açúcar
4 xícaras (chá) de caldo de legumes (1 litro)
1 baguete fatiada
125 g de muçarela de búfala fatiada
uma pitada de orégano
rodelas de azeitona preta, para servir (opcional)
sal marinho e pimenta-do-reino

6-8 PORÇÕES

Aqueça o óleo em uma panela grande e adicione a cebola. Refogue em fogo baixo até a cebola ficar macia. Junte a salsa e o vinho (se desejar) e tempere levemente com sal e pimenta. Cozinhe até que o líquido tenha evaporado. Acrescente o tomate, o ketchup, o açúcar e o caldo. Deixe ferver, abaixe o fogo e cozinhe em fogo brando por mais 20 minutos pelo menos. Prove e acerte o tempero. Até esse ponto, a receita pode ser preparada com antecedência de até 24 horas.

Se já sabe que os pedaços de cebola e tomate serão rejeitados, bata a sopa com um mixer elétrico ou no processador.

Para servir gratinada, preaqueça o forno. Distribua a sopa em pequenas tigelas refratárias. Calcule 2-3 fatias de pão por porção. Cubra cada uma com muçarela, um pouco de orégano e algumas rodelas de azeitona (opcional). Coloque as fatias sobre a sopa e leve ao forno até dourarem e começarem a borbulhar. Sirva imediatamente, tomando cuidado com as tigelas quentes.

Ou aqueça as fatias de pão no forno até dourarem e as sirva como acompanhamento para a sopa.

A sopa é um jeito fácil e saudável de alimentar as crianças. Esta receita é só um ponto de partida – quase todo vegetal pode ser usado, sozinho ou combinado, e ainda é possível fazer experiências com temperos.

sopa de cenoura com lentilha

1 colher (sopa) de azeite extravirgem ou óleo de canola
1 cebola picada finamente
3 cenouras em cubos
2-3 colheres (chá) de curry em pó
1 colher (sopa) de gengibre ralado na hora (opcional)
6 xícaras (chá) de caldo de legumes (1½ litro)
½ xícara (chá) de lentilha vermelha cozida e escorrida (100 g)
sal marinho e pimenta-do-reino moída na hora

4-6 PORÇÕES

Aqueça o óleo em uma panela grande. Adicione a cebola e a cenoura e refogue-as por 2-3 minutos, até ficarem macias. Tempere levemente com sal e pimenta. Junte o curry e o gengibre (se desejar) e refogue, mexendo, por mais 1 minuto. Acrescente o caldo e cozinhe em fogo baixo por cerca de 15 minutos. Junte as lentilhas e cozinhe até aquecer por igual. Bata a sopa com um mixer ou no processador. Prove e acerte o tempero. Sirva imediatamente.

Variações Substitua a lentilha por feijão-branco, grão-de-bico ou batata cozida cortada em cubos. Também pode incluir 1 lata pequena de tomate pelado picado. Use 1 cenoura em vez de 3 e adicione 1 batata-doce; use 1 cenoura e um pouco de couve-flor picada finamente. Acrescente um punhado de ervilha, depois de bater, e cozinhe até aquecer por igual. Ou então prepare a receita básica, mas sem o curry e o gengibre, e tempere com 1 colher bem cheia de Pesto (p. 83).

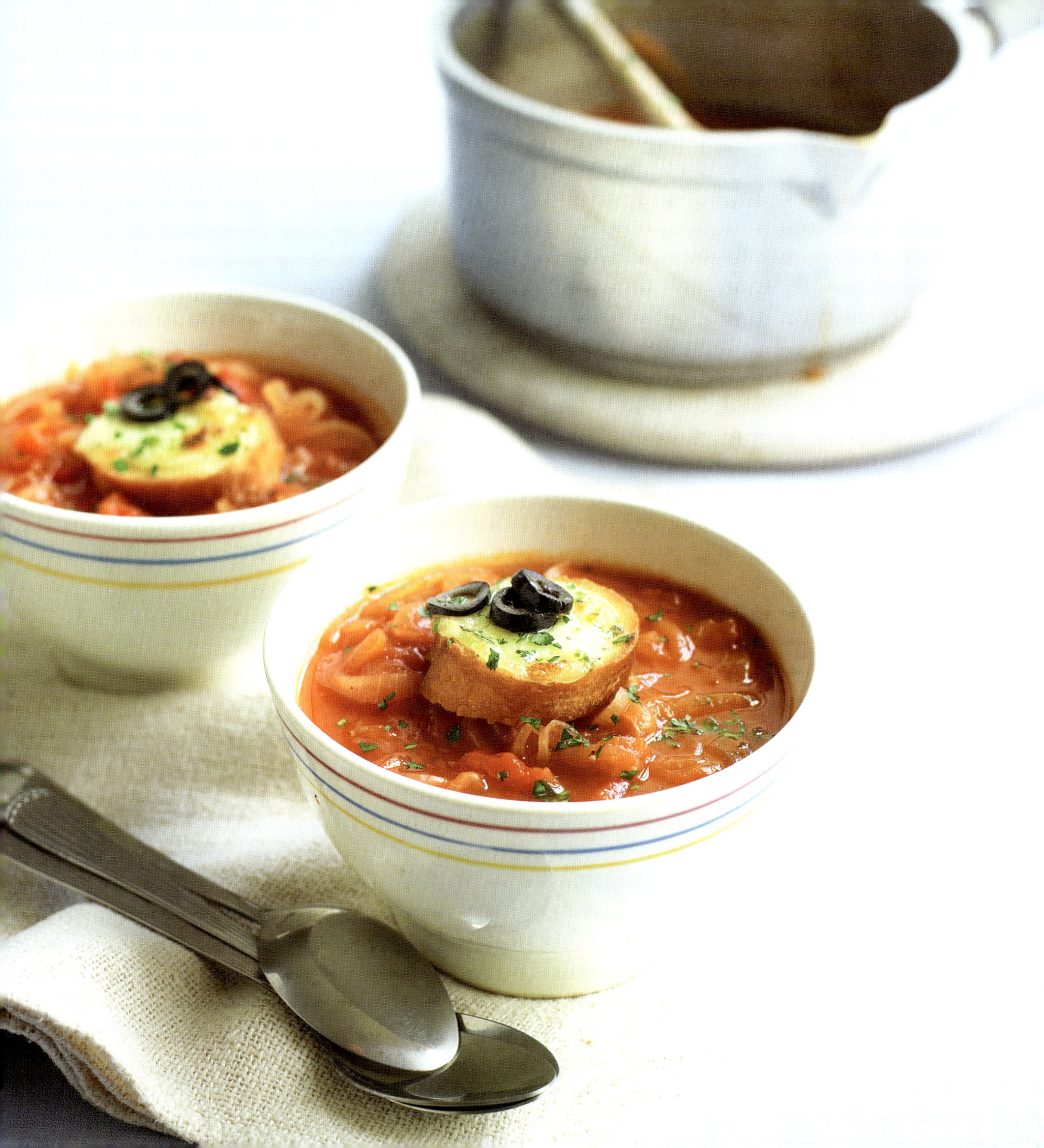

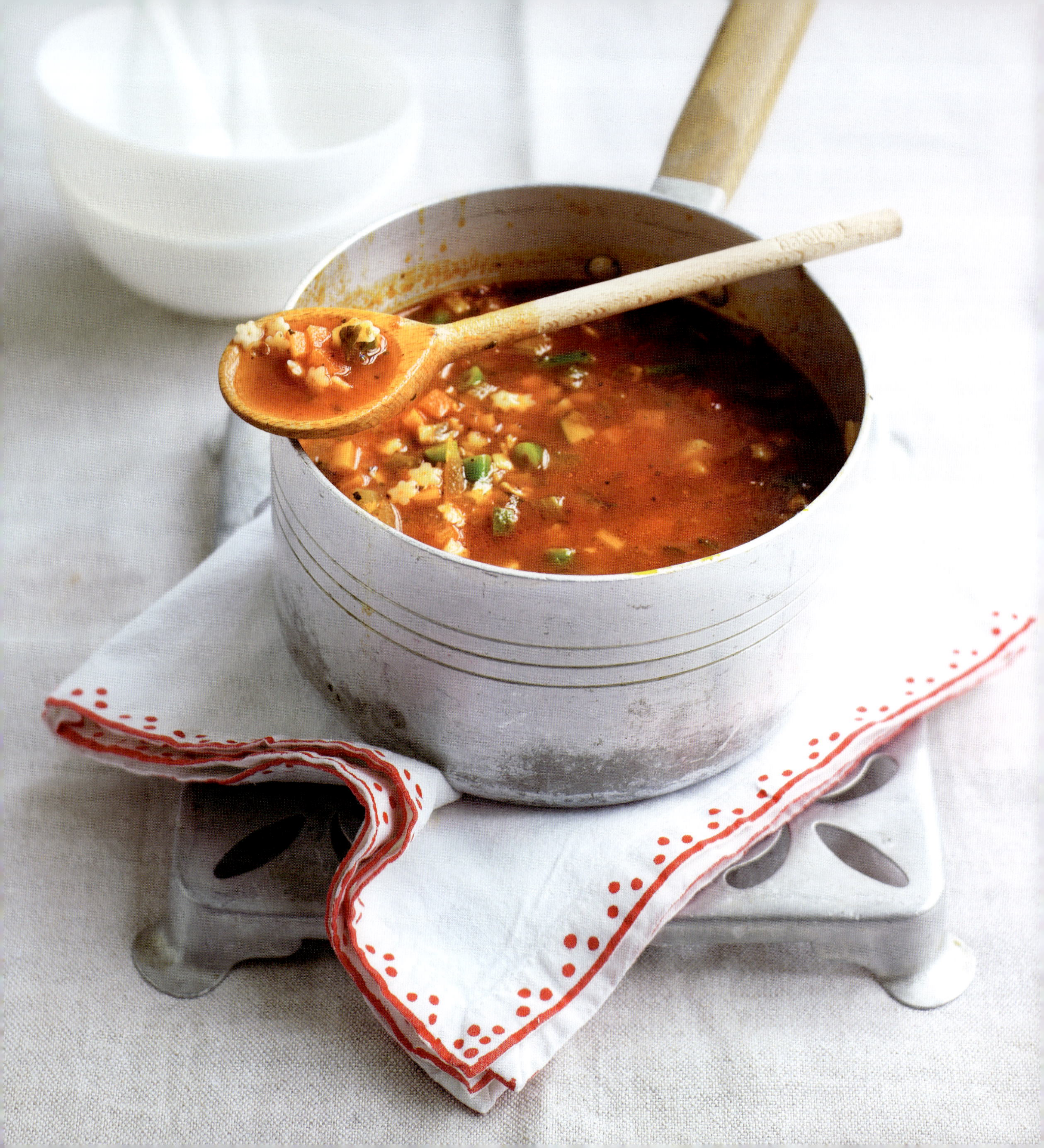

sopas e pratos rápidos

2-3 colheres (sopa) de azeite extravirgem
1 cebola picada finamente
1 cenoura picada finamente
1 talo de aipo picado finamente
1 alho-poró picado finamente
1 abobrinha pequena em cubos
¾ de xícara (chá) de cogumelo-de-paris picado (75 g)
1-2 dentes de alho amassados
um pouco de vinho tinto (opcional)
4 xícaras (chá) de caldo de legumes (1 litro)
um punhado grande de verduras frescas, como espinafre ou couve branqueada
um punhado de folhas de manjericão picadas
1 xícara (chá) de passata de tomate (250 ml) ou 227 g de tomate pelado picado
½ xícara (chá) de vagem-francesa aparada em cubos (60 g)
¼ de xícara (chá) de macarrão estrelinha (50 g)
½ xícara (chá) de quinoa cozida (100 g) (opcional)
parmesão ralado na hora, para servir
sal marinho e pimenta-do-reino moída na hora

4-6 PORÇÕES

Eu tinha acabado de receber minha cesta de verduras e legumes da fazenda e preparava este minestrone quando minha filha avisou que havia se tornado vegetariana. Foi um anúncio e tanto vindo de uma menina que só tinha comido três tipos de vegetal em toda a vida. A notícia também atrapalhou meus planos para o jantar. Eu não tinha muito para oferecer a ela, a não ser essa sopa. Mas, no final das contas, foi uma feliz coincidência! Ela adorou o minestrone, que até hoje é um de seus pratos favoritos. A receita agrada toda a família. Quando tenho quinoa cozida, o que é frequente com uma vegetariana em casa, adiciono um pouco a cada tigela antes de servir.

minestrone

Aqueça o azeite em uma panela grande e adicione a cebola, a cenoura, o aipo, o alho-poró, a abobrinha e o cogumelo. Refogue em fogo baixo por 8-10 minutos, mexendo com frequência. Tempere considerando a quantidade de sal do caldo de legumes. (Se estiver na dúvida, tempere aos poucos e prove, até ficar a seu gosto.) Acrescente o alho e o vinho (se desejar) e cozinhe por mais 1-2 minutos, até evaporar.

Junte o caldo, as verduras, o manjericão e a passata de tomate. Deixe ferver, abaixe o fogo e cozinhe por mais 15 minutos pelo menos, em fogo brando, até que todos os vegetais fiquem tenros. Prove e acerte o tempero.

Cerca de 10 minutos antes de servir, recoloque a sopa no fogo. Adicione a vagem e a massa e cozinhe em fogo baixo por cerca de 10 minutos, até que a massa fique macia. Prove e acerte o tempero, se necessário. Sirva com queijo ralado na hora.

Variação Depois de adicionar a massa, acrescente 240 g de feijão cozido e escorrido, como feijão-branco.

sopas e pratos rápidos

A quantidade de cevada cozida para esta receita é a metade a ser usada no preparo da sopa. A parte não utilizada pode ser congelada, facilitando a preparação de outras sopas (ou mesmo de outros pratos). O preparo dela é bem básico e mostra uma boa maneira de inserir um grão nutritivo e pouco comum na dieta do seu filho. Por ser simples, a receita é base para algumas sopas rápidas e fáceis, portanto não se esqueça de dar uma olhada nas variações.

sopa de legumes e cevada

- 2 colheres (sopa) de azeite extravirgem ou óleo de canola
- 1 cebola pequena picada finamente
- 1 alho-poró pequeno em fatias finas
- 1 cenoura em fatias finas
- 1 talo de aipo picado finamente
- 5 xícaras (chá) de caldo de legumes (1¼ litro)
- ½ xícara (chá) de cevada (100 g) cozida e escorrida
- um punhado grande de folhas de salsa picadas finamente (opcional)
- sal marinho e pimenta-do-reino moída na hora

4-6 PORÇÕES

Aqueça o azeite em uma panela grande e refogue a cebola, o alho-poró, a cenoura e o aipo em fogo médio por cerca de 5 minutos, até que fiquem levemente macios. Tempere moderadamente, dependendo do teor de sal do caldo de legumes. Se estiver em dúvida, tempere aos poucos e experimente. Adicione o caldo, deixe levantar fervura e diminua o fogo, cubra e deixe cozinhar em fogo baixo por 15 minutos pelo menos, até os legumes ficarem macios. Misture metade da cevada e a salsa, se desejar, e acerte o tempero. Adicione mais água ou caldo se a sopa estiver muito grossa. Sirva quente.

Variações Se estiver realmente sem tempo, a sopa pode ser feita sem alguns legumes da receita básica ou com apenas o caldo de legumes. Mesmo com menos nutrientes, ainda será um prato saudável.

Sopa de feijão e cevada Misture 240 g de feijão cozido e escorrido, como feijão-branco ou borlotti.

Sopa de cogumelo-de-paris e cevada Adicione cerca de dois terços de xícara (chá) ou 50 g de cogumelo-de-paris cortado ao meio e em fatias aos vegetais no momento em que estes estiverem cozinhando. Substitua 1 xícara (chá) ou 250 ml do caldo de legumes por leite.

Sopa de batata e cevada Substitua 1 xícara (chá) ou 250 ml do caldo de legumes por leite. Ao adicionar a cevada, acrescente 1 xícara (chá) de batata cozida cortada em cubos pequenos.

Sopa de arroz, ervilha e tomate Substitua a cevada por arroz cozido, cerca de 1 xícara (chá), e um punhado grande de ervilha. Adicione 1 lata pequena de tomate pelado picado, se desejar. Sirva com queijo ralado na hora.

Sopa de espaguete Substitua a cevada por 1 lata pequena de tomate pelado picado ou 1 xícara (chá) ou 250 ml de passata. Deixe ferver. Quebre o espaguete em pedaços pequenos e adicione um punhado na sopa fervente. Sirva com queijo ralado na hora.

Sopa italiana com ovos Prepare a Sopa de espaguete (acima) com ou sem tomate. Bata 2 ovos em uma tigela. Deixe a sopa levantar fervura, baixe o fogo e despeje os ovos batidos, mexendo sempre, para formar pequenos fiapos ou filetes, e não grumos. Arroz cozido (cerca de 1 xícara de chá) também pode substituir a massa. Sirva com queijo ralado na hora.

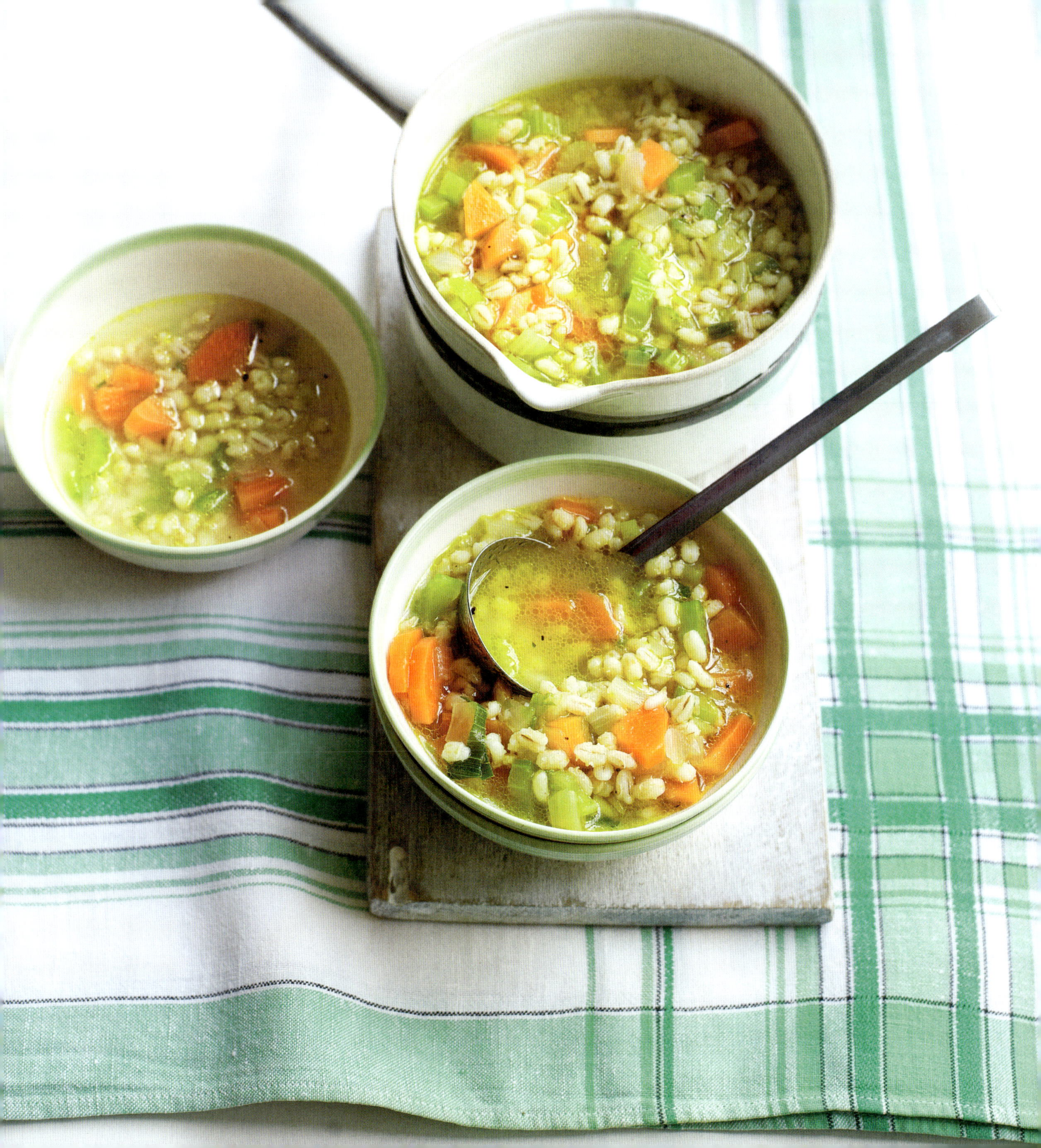

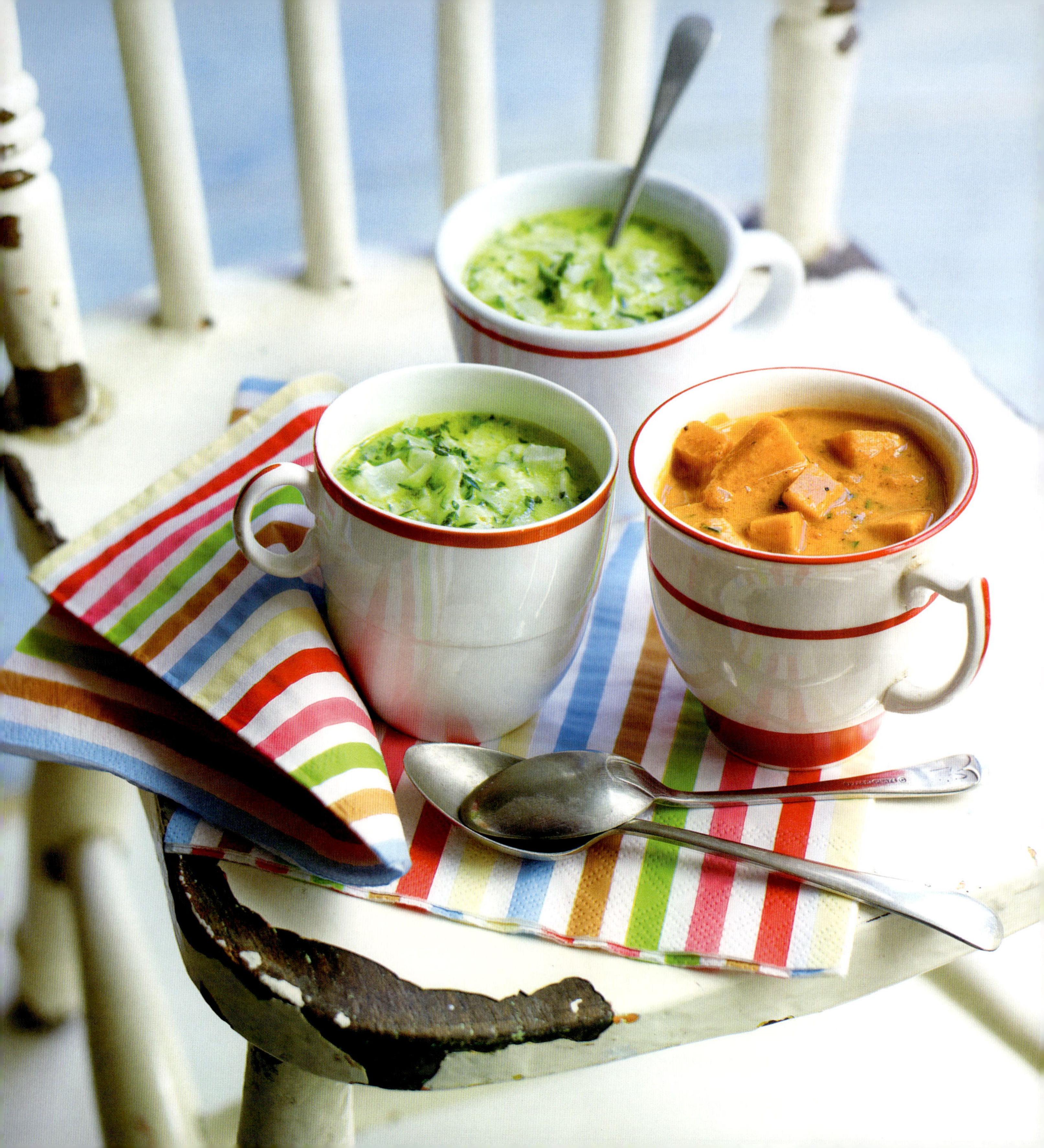

Esta é uma combinação inusitada de ingredientes, mas muito agradável. É possível alterar o tempero colocando mais ou menos curry e/ou pimenta-calabresa. Se houver problemas de alergia, substitua o creme de amendoim sem adição de açúcar por grão-de-bico cozido e escorrido.

sopa africana de amendoim e batata-doce

2-3 colheres (sopa) de óleo de canola
1 cebola picada
2 cm de gengibre descascado e ralado
2 dentes de alho amassados
¼ de colher (chá) de flocos de pimenta-calabresa (opcional)
2 colheres (sopa) de curry em pó
3 batatas-doces médias descascadas e em cubos
227 g de tomate pelado picado
6 xícaras (chá) de caldo de legumes (1½ litro)
⅔ de xícara (chá) de creme de amendoim (160 g)
¾ de xícara (chá) de leite de coco (200 ml)

PARA SERVIR (OPCIONAL)
coentro picado
amendoim sem sal picado
sal marinho e pimenta-do-reino moída na hora

4-6 PORÇÕES

Aqueça 2 colheres (sopa) de óleo em uma panela grande. Refogue a cebola em fogo baixo por 5-8 minutos, até ficar macia. Misture o gengibre, o alho, a pimenta-calabresa e o curry. Mexa por mais 1-2 minutos.

Coloque a batata-doce e o tomate e adicione o caldo de legumes. Cozinhe em fogo baixo por cerca de 20 minutos, até que a batata-doce esteja macia. Prove e acerte o tempero. Misture o creme de amendoim e o leite de coco e cozinhe por mais 10 minutos. Acrescente o coentro e o amendoim, se desejar, e sirva imediatamente.

Esta é uma receita à base de tofu, ótimo ingrediente para dar cremosidade à sopa

sopa de abobrinha

1 cebola picada finamente
1 abobrinha ralada
1 colher (sopa) de óleo de canola
4 xícaras (chá) de caldo de legumes (1 litro)
um punhado grande de folhas de salsa picadas
1 xícara (chá) de tofu macio ou leite (250 ml), ou metade de cada um
sal marinho e pimenta-do-reino moída na hora

4-6 PORÇÕES

Em uma panela grande, refogue a cebola e a abobrinha no óleo por 3-5 minutos, até ficarem macias. Tempere levemente. Adicione o caldo e a salsa e cozinhe em fogo baixo por 15-20 minutos. Junte o tofu e aqueça. Experimente e acerte o tempero. Sirva imediatamente.

sopas e pratos rápidos

Um quebra-galho para a maioria dos pais, esta receita é uma maneira econômica e saudável de alimentar as crianças. Assar as batatas no micro-ondas agiliza, mas a casca não ficará tão crocante. Uma alternativa seria fazer uma fornada de batatas em forno tradicional e colocá-las na geladeira para quando precisar: simplesmente corte-as ao meio e aqueça-as no micro-ondas. As batatas farinhentas, na quantidade que desejar, são as melhores para assar.

batata assada

OPÇÕES DE RECHEIO
Chili (p. 126) com sour cream
Bolonhesa de vegetais (p. 125)
Feijão típico americano (p. 89)
   coberto com Homus (p. 44)
floretes de brócolis cozidos no
   vapor com Pesto (p. 83)
Coleslaw (p. 48)
Tofu agridoce (p. 114)
Pasta de feijão e tofu (p. 44)
Salada de tofu (p. 40)
milho-verde com queijo ralado
   na hora
cottage com tomate em cubos
   e cebolinha
cogumelo-de-paris assado
   ou refogado
alho-poró em fatias finas
   refogado
ratatouille

Preaqueça o forno a 180°C.

Lave bem as batatas com casca, secando-as em seguida. Asse-as (diretamente sobre a grade do forno) por 50-60 minutos. Retire-as do forno quando estiverem macias ao espetá-las com um garfo. O tempo de cozimento depende do tamanho da batata. Se usar batata orgânica, incentive as crianças a comerem a casca também, pois contém muitos nutrientes. Sirva com salada verde, rodelas de pepino e/ou palitos de cenoura. Vários dos recheios acima (não todos) combinam com cheddar inglês ralado e/ou um pouco de creme de leite.

Esta receita é uma ótima opção para dar conta do que tem na despensa, tudo em torno de uma única batata e algumas salsichas vegetais. Qualquer leguminosa pode ser usada, mas lentilhas e batatas combinam especialmente bem.

refogado de lentilha e salsicha vegetal

4 colheres (sopa) de azeite
   extravirgem ou óleo
   de canola
1 cebola em cubos
1 pimentão amarelo em cubos
1½ xícara (chá) de cogumelo-
   -de-paris picado (150 g)
½ colher (chá) de tomilho seco
uma pitada de flocos de
   pimenta-calabresa (opcional)
2-4 salsichas vegetais
   em rodelas
1-2 dentes de alho amassados
1 batata cerosa grande
   em cubos
400 g de lentilha cozida
   e escorrida
400 g de molho de tomate
sal marinho e pimenta-do-reino
   moída na hora

4 PORÇÕES

Aqueça 2 colheres (sopa) de azeite em uma frigideira grande e funda com tampa. Refogue a cebola e o pimentão por 3-5 minutos, até ficarem macios. Junte o cogumelo, o tomilho, a pimenta, se desejar, e o restante do azeite e refogue por mais 3-5 minutos, até o cogumelo começar a corar.

Acrescente as salsichas e deixe-as dourar. Adicione o alho e a batata e deixe refogar por mais 1 minuto, misturando. Tempere levemente. Junte a lentilha e o molho de tomate. Pode ser necessário acrescentar água; a batata deve estar quase coberta. Tampe e cozinhe em fogo baixo por cerca de 30 minutos, até a batata ficar tenra. Prove e acerte o tempero. Destampe e mantenha por mais 3-5 minutos, para reduzir o líquido. Sirva imediatamente.

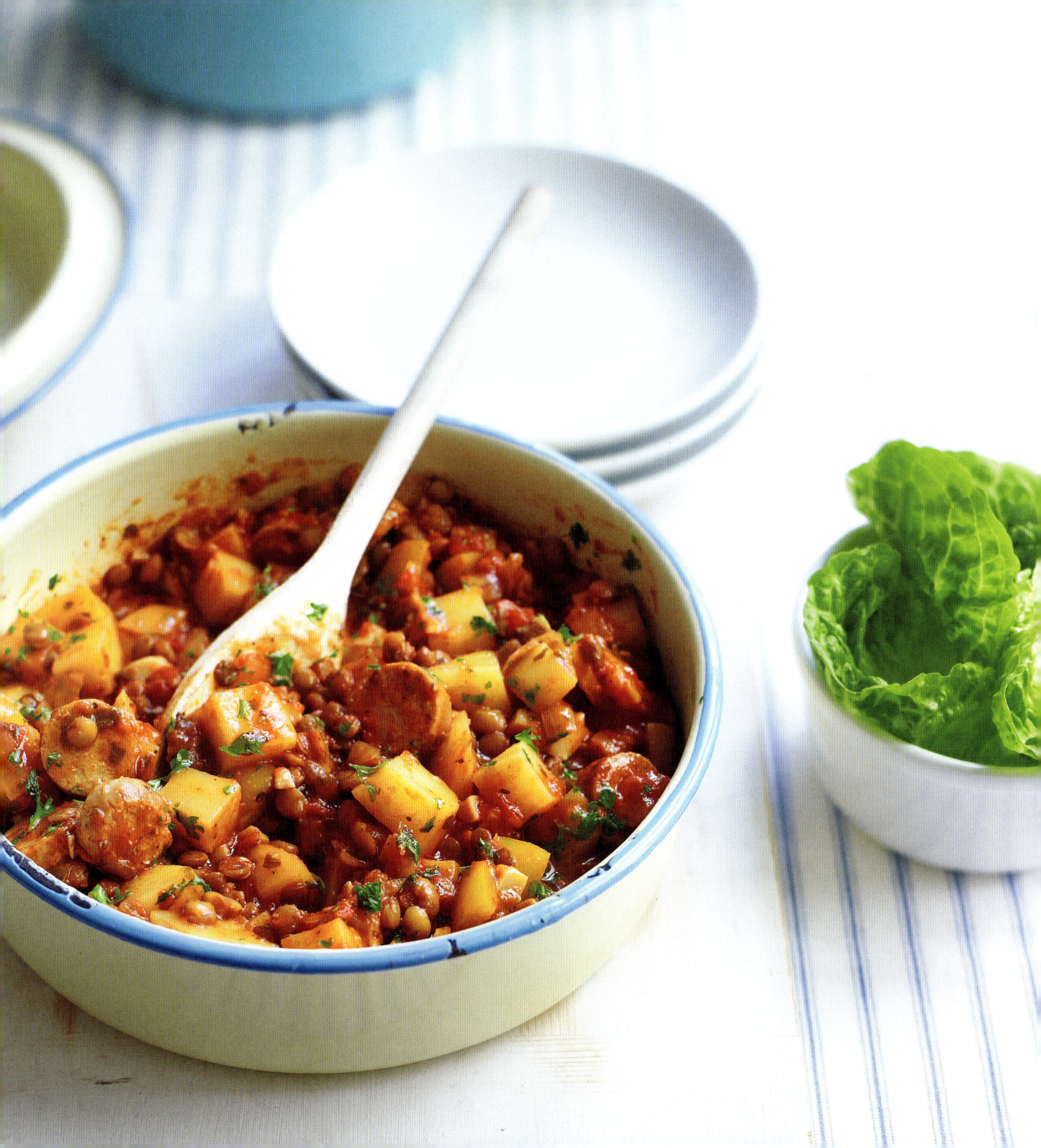

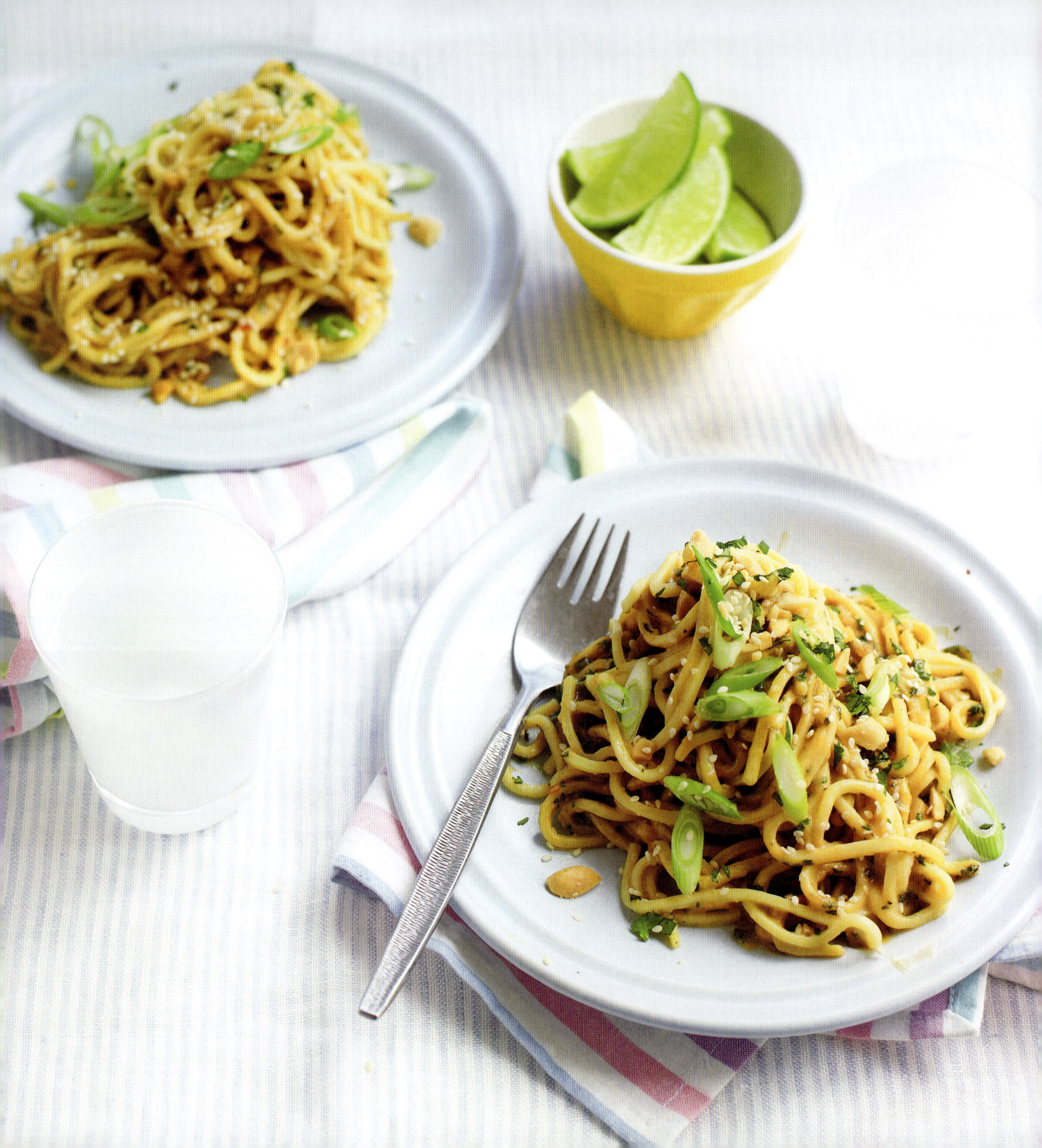

sopas e pratos rápidos

Eis um molho saboroso e rápido de fazer para servir com macarrão oriental em uma refeição rápida, a qualquer hora do dia. Pode ser servido quente, porém ele fica mais gostoso frio, como salada de macarrão. Prepare-o com antecedência, colocando-o na geladeira, se houver tempo. Para uma refeição mais completa, cubra-o com cubos de tofu firme e sirva-o acompanhado de alguma verdura, como brócolis, e molho de pimenta doce.

macarrão oriental com molho de amendoim e gergelim

250 g de macarrão oriental com ovos ou sobá
2-3 cebolinhas picadas transversalmente
2-3 colheres (sopa) de gergelim torrado (fica mais saboroso)

PARA O MOLHO
4 colheres (sopa) de creme de amendoim sem açúcar
¼ xícara (chá) de amendoim sem sal (30 g)
folhas de manjericão
folhas de hortelã
folhas de coentro
suco de 1 limão
¼ de xícara (chá) de óleo de canola (65 ml)
1 colher (sopa) de óleo de gergelim
1-2 colheres (sopa) de molho de pimenta doce, ou a gosto
2 colheres (sopa) de tofu macio
1-2 colheres (chá) de molho de soja

2-4 PORÇÕES

Para fazer o molho, bata o creme de amendoim, o amendoim, o manjericão, a hortelã, o coentro, o suco de limão, os óleos de canola e gergelim, o molho de pimenta, o tofu e o molho de soja no processador ou no liquidificador até obter uma pasta grossa. Prove e adicione mais molho de pimenta e/ou molho de soja, se necessário.

Cozinhe o macarrão conforme as instruções da embalagem e escorra bem. Jogue o molho sobre o macarrão quente e acrescente a cebolinha e o gergelim torrado. Sirva quente ou frio.

Variação O molho também pode servir como pasta para alguns vegetais, tanto crus quanto levemente cozidos no vapor. Para servir, coloque o molho em uma tigela e misture o gergelim torrado. Coloque o molho de pimenta doce em uma tigela pequena e sirva com uma travessa de vegetais preparados: brócolis, ervilha-torta, cenoura, batata-doce e pimentão vermelho.

GERGELIM

Sementes, em geral, são uma excelente fonte de gorduras insaturadas saudáveis. Fornecem gorduras poli-insaturadas, reconhecidas por promoverem boa saúde e por serem fonte de ômega 6, assim como vitaminas e minerais. Além disso, o gergelim é rico em cobre e manganês e também uma boa fonte de cálcio. No Oriente Médio, suas sementes são moídas para a confecção do tahine, uma pasta grossa que é o ingrediente principal do homus.

sopas e pratos rápidos

Batatas fazem sucesso, e não faltam receitas com elas. Em muitos casos, elas são assadas no forno em vez de cozidas no fogão. Esta é uma opção deliciosa e rápida, feita com algumas batatas cozidas, que lembra uma receita tradicional americana de picadinho, só que sem a carne. O feijão é opcional. O prato tem um leve sabor texano e combina com salsa de tomate mexicana e sour cream.

refogado de batata, feijão e pimentão

4-5 batatas cerosas descascadas e em cubos
2-4 colheres (sopa) de azeite extravirgem ou óleo de canola
1 cebola grande picada grosseiramente
1 pimentão verde ou vermelho em cubos
400 g de feijão-vermelho cozido e escorrido
um punhado grande de folhas de salsa (opcional)
1 xícara (chá) de cheddar inglês ralado na hora (70 g), mais para servir
sal marinho e pimenta-do-reino moída na hora

4-6 PORÇÕES

Em uma panela grande, coloque as batatas e água suficiente para cobri-las. Assim que começarem a ferver, abaixe o fogo e deixe-as cozinhar por cerca de 10-20 minutos, até que estejam quase macias ao espetá-las com um garfo. Escorra e reserve.

Aqueça 2 colheres (sopa) de azeite em uma frigideira. Refogue a cebola por cerca de 3 minutos, até ficar macia.

Adicione o pimentão, as batatas cozidas e mais azeite, se necessário. Tempere e misture bem. Refogue por 10-15 minutos, até as batatas dourarem. Procure não mexer muito, senão elas não douram – a cada 5 minutos está bom.

Prove e acerte o tempero. Acrescente o feijão e a salsa, se desejar, e deixe cozinhar por mais 2-3 minutos. Espalhe o queijo e sirva. Disponibilize um pouco mais de queijo ralado.

Variação Para adultos ou crianças com paladar mais sofisticado, adicione meia colher (chá) de cominho em pó ao refogar a cebola. Misture azeitona e pimenta jalapeño cortada em fatias quando adicionar o feijão; use coentro no lugar da salsa. Se gostar da ideia, sirva cada porção com um ovo frito em cima.

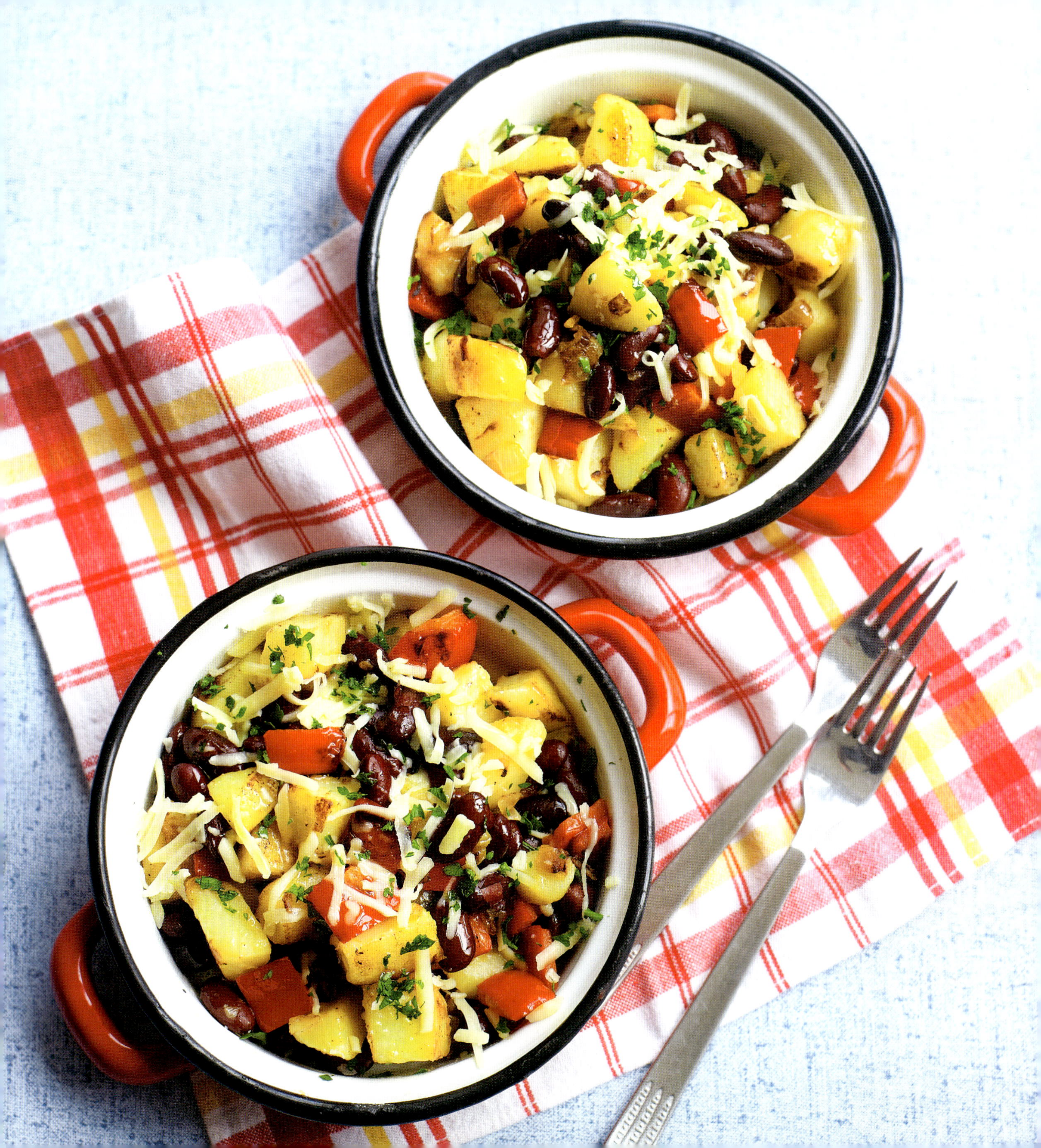

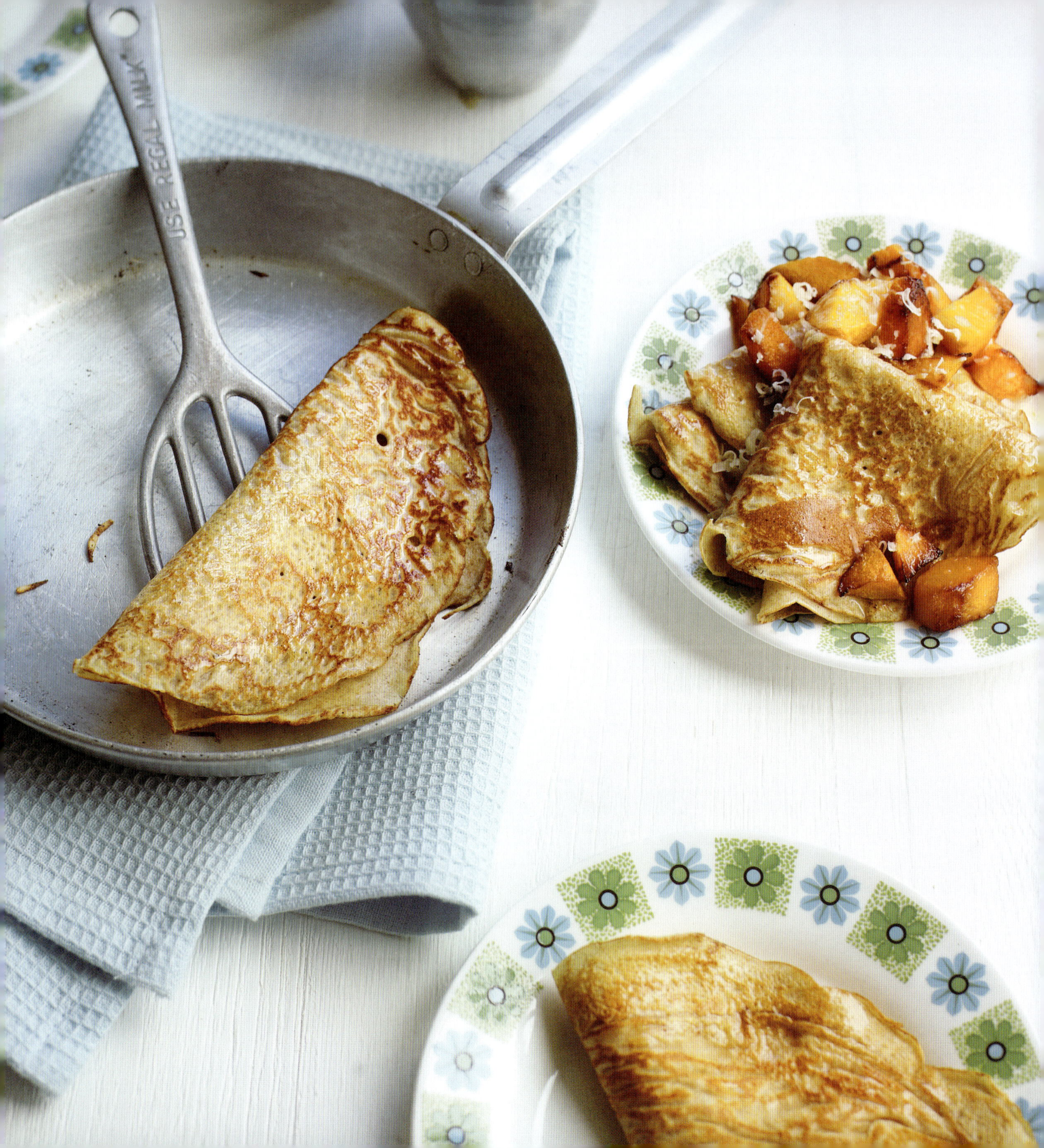
USE REGAL MILK

Esta receita vem da região da Bretanha, na França. O recheio tradicional é ovo frito, feito diretamente sobre o lado já pronto do crepe. Para inovar, experimente rechear com pedaços de abóbora-cheirosa polvilhados com queijo e regados com creme de leite.

crepe de trigo-sarraceno

1 ⅓ xícara (chá) de trigo-sarraceno (200 g)
⅓ de xícara (chá) de farinha de trigo (50 g)
½ xícara (chá) de leite (125 ml)

2 ovos
uma pitada de sal marinho
manteiga sem sal, para fritar

CERCA DE 12 UNIDADES

Misture o trigo-sarraceno e a farinha em uma tigela e faça uma cova no centro. Em uma jarra medidora, adicione o leite e 1 xícara (chá) de água (250 ml).

Coloque os ovos no centro da farinha e misture bem. Acrescente a mistura de leite aos poucos, até obter uma massa homogênea. Cubra e coloque na geladeira. Deixe descansar, no mínimo 15 minutos, se possível 1 hora, mas o ideal é deixar reservado de um dia para o outro.

Preaqueça o forno em temperatura baixa para manter os crepes prontos aquecidos.

Preaqueça uma frigideira antiaderente grande em fogo médio. Unte a frigideira com 1-2 colheres (sopa) de manteiga com a ajuda de um pedaço de papel-toalha. Despeje uma concha da mistura no meio da frigideira e incline-a, fazendo movimentos circulares para obter um formato arredondado. Frite até as bordas começarem a enrolar e dourar. Vire e deixe dourar. Passe os crepes para um refratário e deixe-os no forno, para se manterem aquecidos. Repita o procedimento até usar toda a massa.

Há muitos anos comemos omelete no jantar. A técnica de cozimento é simples, mas é fundamental ter uma panela antiaderente. Outro detalhe importante: comece com fogo alto e o reduza enquanto cozinha.

omelete perfeita

2-3 ovos
um toque de leite
uma pitada de sal marinho

manteiga sem sal, para fritar

1 PORÇÃO

Bata os ovos em uma tigela até ficarem espumosos. Adicione o leite e o sal.

Leve uma frigideira antiaderente pequena ao fogo médio/alto com uma quantidade generosa de manteiga e deixe aquecer. Despeje os ovos e baixe para fogo médio/baixo. Frite, sem mexer, por alguns minutos, até formar uma camada firme no fundo. Levante as bordas com uma espátula fina de silicone e incline a frigideira, movimentando-a de modo que a parte de cima da omelete, ainda líquida, escorra para fritar embaixo. Tente não rasgar a camada que já está firme. Faça isso em todo o diâmetro da omelete, baixando o fogo para o fundo não queimar. A parte de cima deve estar um pouco mole no momento de colocar o recheio.

Para rechear, imagine uma linha no meio da omelete e coloque o recheio na metade oposta ao cabo (facilitará para passá-la da frigideira para o prato). Com a espátula, dobre a omelete ao meio sobre o recheio e deslize-a para o prato. Sirva imediatamente.

Opções de recheio Além da lista de recheios para batatas assadas na p. 72, experimente: cheddar inglês ralado; cream cheese; cebola refogada, pimentão, cogumelo-de-paris, abobrinha e/ou alho-poró; abacate e fatias de tomate; brócolis ou aspargo cozido; verduras, como espinafre, repolho ou couve, com creme de leite; rodelas de batata cozida.

Esta é uma refeição muito simples e gostosa, repleta de ingredientes que a criançada adora.

torta de pão com milho-verde

1 colher (sopa) de azeite
1 cebola grande picada finamente
2½ xícaras (chá) de leite (600 ml)
3 ovos batidos
¼ de colher (chá) de páprica
5-7 fatias de pão integral
2 xícaras (chá) de milho-verde (300 g)
½ xícara (chá) de cheddar inglês ralado na hora (70 g)
2-3 colheres (sopa) de parmesão ralado na hora
sal marinho e pimenta-do-reino moída na hora

assadeira de 30 cm x 20 cm untada com bastante manteiga

4-6 PORÇÕES

Preaqueça o forno a 190°C.

Aqueça o azeite em uma frigideira. Refogue a cebola em fogo baixo por 3-5 minutos, até ficar macia. Reserve.

Bata bem o leite, os ovos e a páprica e tempere bem. Reserve.

Corte as fatias de pão em triângulos e arrume-as na assadeira já untada. Espalhe o milho e a cebola sobre o pão, levantando-o para alguns pedaços caírem entre as fatias. Faça o mesmo com a metade do cheddar inglês. Junte o restante à mistura de leite e espalhe sobre o pão. Polvilhe com o parmesão.

Asse em forno preaquecido por 30-40 minutos, até dourar. Sirva imediatamente.

Variação Para uma torta de pão sabor pizza, substitua o milho por 3-4 tomates fatiados. Arrume o tomate entre as fatias de pão aleatoriamente. Salpique um punhado de azeitona, se desejar. Substitua a páprica por 1 colher (chá) de orégano. Reduza a quantidade de cheddar e junte-o à mistura do leite. Cubra com 1 bola de muçarela de búfala fatiada. Regue com azeite antes de levar para o forno.

Essas minipanquecas são uma refeição saudável quando falta tempo para cozinhar.

minipanqueca de fubá e milho-verde

1 xícara (chá) de fubá (160 g)
¼ de xícara (chá) de farinha de trigo ou integral (40 g)
2 colheres (chá) de fermento em pó
¼ de colher (chá) de páprica
½ colher (chá) de sal marinho
¾ de xícara (chá) de leite (200 ml), um pouco mais, se necessário
1 ovo
2 xícaras (chá) de milho-verde (300 g)
óleo de canola e manteiga, para fritar
Purê de maçã (p. 118), para servir (opcional)

CERCA DE 7 UNIDADES

Misture o fubá, a farinha, o fermento, a páprica e o sal em uma tigela grande. Coloque o leite em um copo medidor, adicione o ovo e misture bem. Despeje sobre os ingredientes secos, mexa bem e acrescente o milho-verde. Preaqueça o forno (baixo).

Aqueça a manteiga e o óleo em uma frigideira antiaderente. Quando estiver bem quente, despeje uma concha da mistura para fazer cada minipanqueca. Coloque na frigideira apenas a quantidade suficiente de massa que seja confortável para fritar. Frite por 3-5 minutos de um lado, até dourar, e vire, esperando o mesmo tempo. Retire as minipanquecas e, depois de secá-las sobre papel-toalha, coloque-as em um refratário no forno aquecido, enquanto prepara o restante. Sirva imediatamente.

Variação Para minipanquecas ao estilo tailandês, substitua metade do milho-verde por cebolinha picada, adicione um punhado generoso de coentro picado e substitua a páprica por 1 colher (sopa) de gengibre ralado; sirva com molho de pimenta doce. Para minipanquecas ao estilo tex-mex, substitua o milho por pimentão verde cortado em cubos e adicione meia colher (sopa) de cominho moído. Sirva com salsa de tomate mexicana e guacamole.

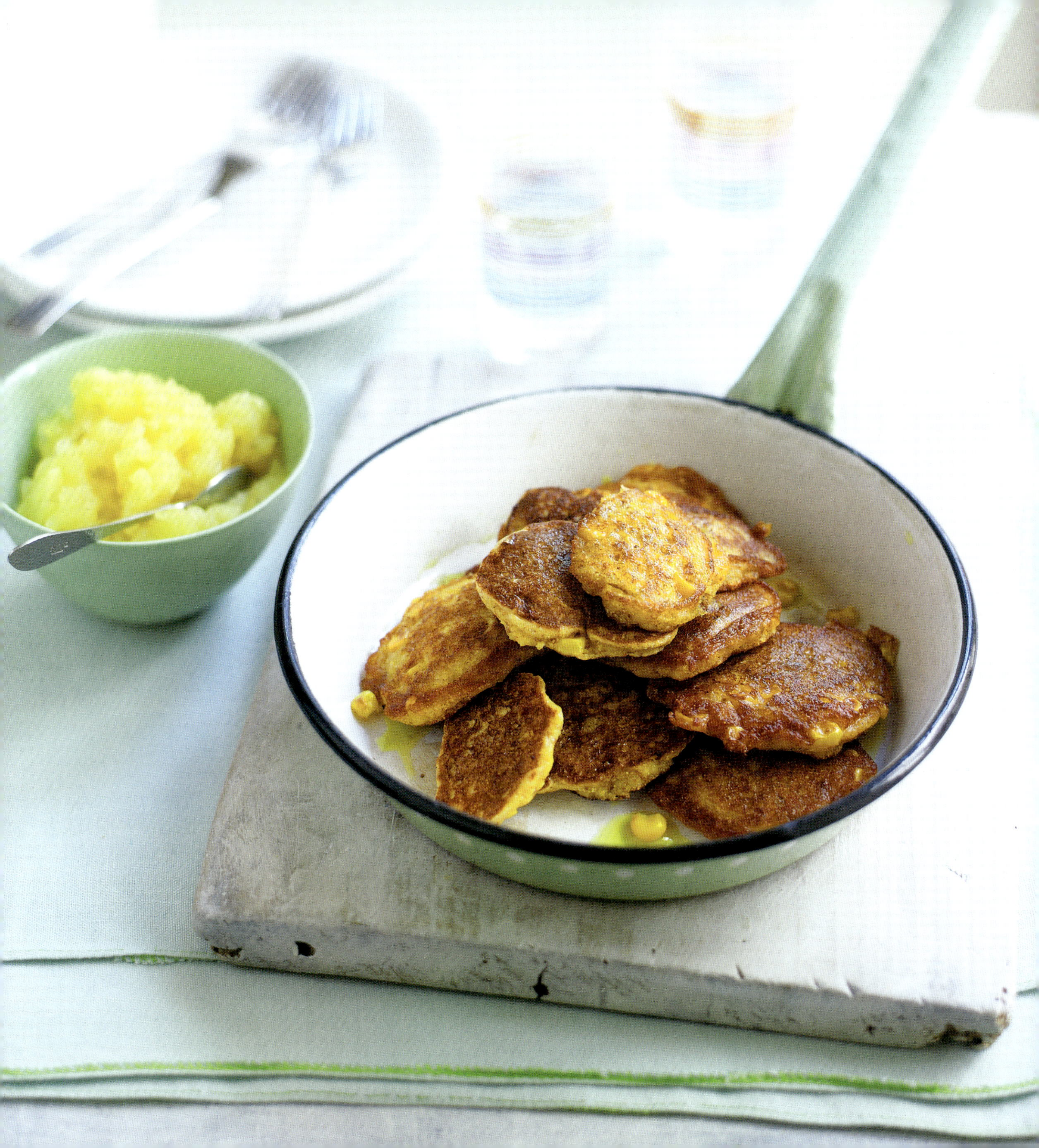

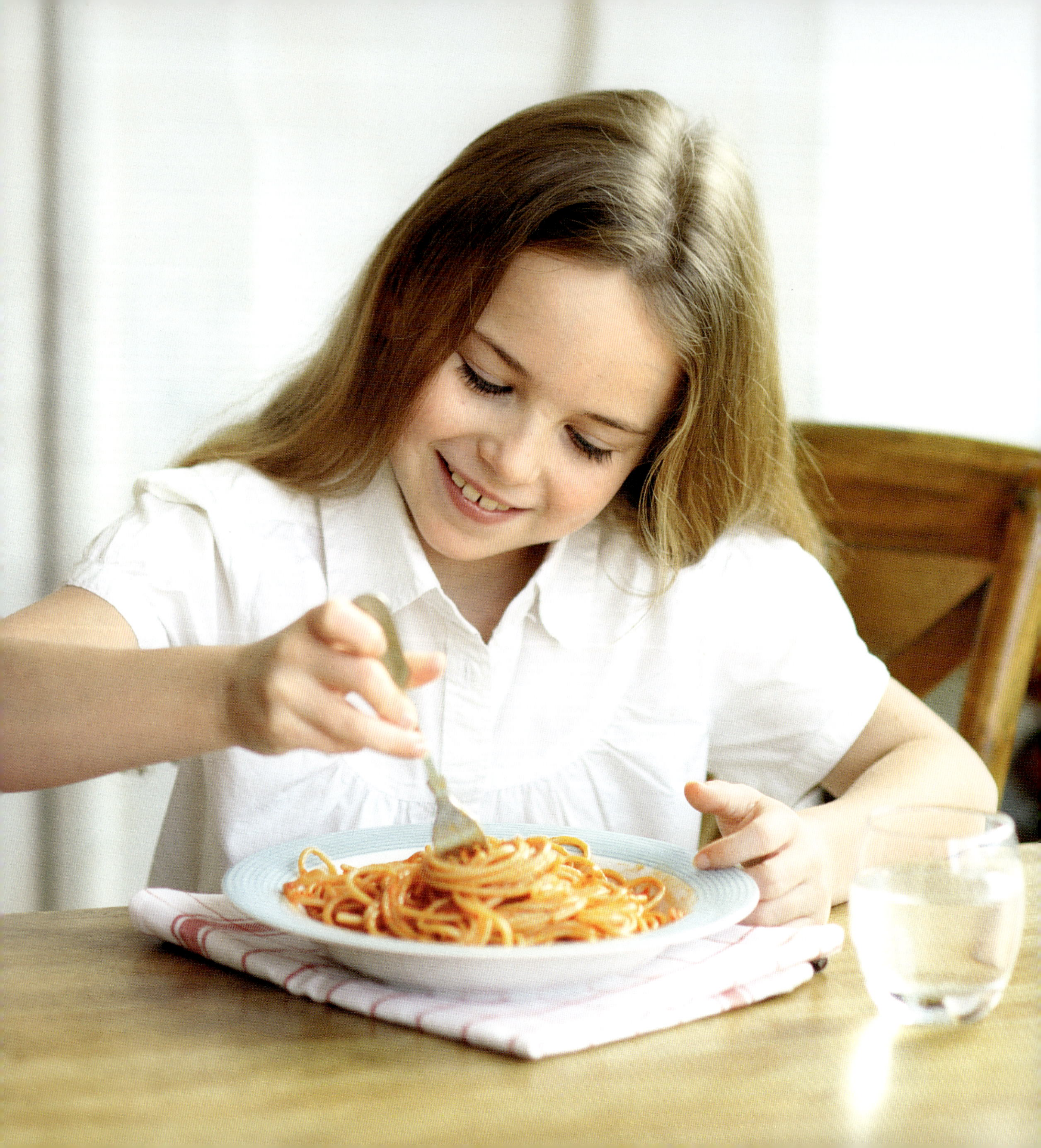

O pesto é uma ótima maneira de incluir oleaginosas em uma dieta vegetariana, além de ser uma opção de molho para massas.

pesto de pimentão e nozes

½ xícara (chá) de nozes (50 g)
½ xícara (chá) de pimentão vermelho em conserva (100 g)
¼ de xícara (chá) de parmesão ralado na hora (30 g)
folhas de salsa de um maço pequeno
½ xícara (chá) de azeite extravirgem
1 dente de alho
um fio de mel
1 colher (sopa) de balsâmico
suco de ½ limão-siciliano, ou mais a gosto
sal marinho e pimenta-do-reino moída na hora
2-3 colheres (sopa) de creme de leite fresco, para servir (opcional)

CERCA DE 1¼ XÍCARA (CHÁ) (375 ML)

Bata todos os ingredientes no processador, até obter uma pasta grossa. Prove e adicione mais suco de limão, sal ou pimenta, se necessário. Se for servi-lo como molho, acrescente algumas colheradas cheias de creme de leite fresco quando adicionar o pesto à massa.

pesto de azeitona e amêndoa

½ xícara (chá) de amêndoa ou castanha-de-caju (75 g)
½ xícara (chá) de azeitona verde sem caroço (60 g)
½ xícara (chá) de parmesão ralado na hora (35 g)
folhas de manjericão
¼-½ xícara (chá) de azeite extravirgem
1 dente de alho
um fio de mel
suco de ½ limão-siciliano, ou mais a gosto
sal marinho e pimenta-do-reino moída na hora

CERCA DE 2-3 XÍCARAS (CHÁ) (500-750 ML)

Bata todos os ingredientes no processador, até obter uma pasta. Prove e adicione mais suco de limão, sal ou pimenta, se necessário.

pesto de brócolis e castanha-de-caju

¼ de xícara (chá) de pinhole (30 g)
¼ de xícara (chá) de castanha-de-caju (45 g)
floretes de 1 brócolis pequeno cozidos no vapor ou na água
½ xícara (chá) de parmesão ralado na hora (35 g)
um punhado grande de folhas de manjericão
¼ de xícara (chá) de azeite extravirgem
1 dente de alho
suco de ½ limão-siciliano, ou mais a gosto
sal marinho e pimenta-do-reino moída na hora

CERCA DE 2-3 XÍCARAS (CHÁ) (500-750 ML)

Bata todos os ingredientes no processador, até obter uma pasta. Prove e adicione mais suco de limão, sal ou pimenta, se necessário.

preferidos
da criançada

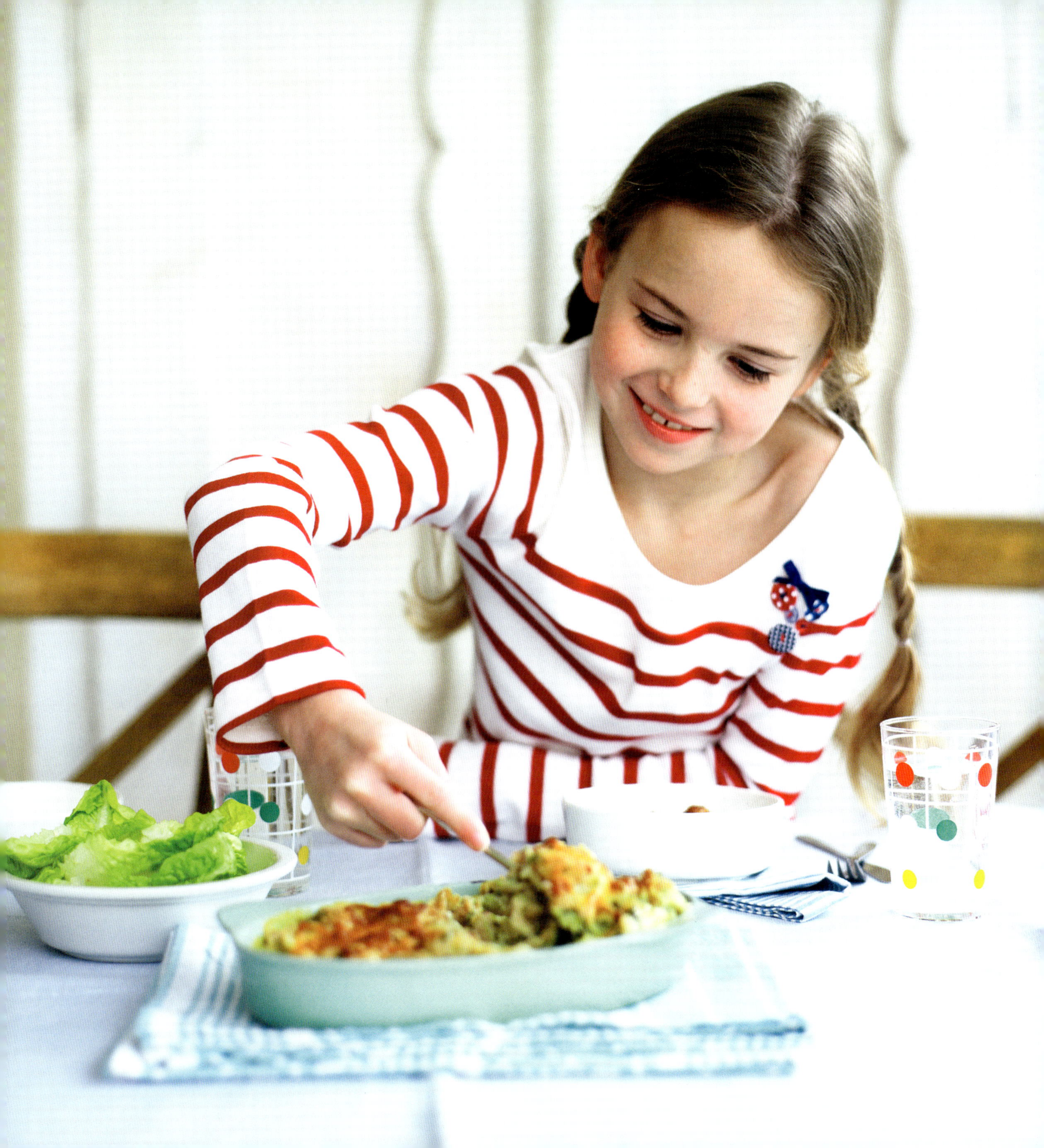

preferidos da criançada

Este hambúrguer é uma ótima opção para alimentar a turma de amigos não vegetarianos do seu filho. Sirva-o no pão de hambúrguer tostado, com alface, tomate, picles, ketchup e maionese, acompanhado de batata frita.

hambúrguer de cogumelo-de-paris e cevada

½ xícara (chá) de cevada (65 g) lavada e escorrida
1 fatia de pão integral
1 cebola pequena
2 colheres (sopa) de azeite extravirgem
1¾ xícara (chá) de cogumelo-de-paris (225 g) sem o talo e cortado ao meio
folhas de salsa
2 ovos
1 colher (sopa) de molho de soja ou tamari
½ xícara (chá) de cheddar inglês ralado na hora (50 g)
1 colher (sopa) de manteiga sem sal
sal marinho e pimenta-do-
-reino moída na hora

PARA SERVIR (OPCIONAL)
9 pães de hambúrguer integrais
alface
fatias de tomate
ketchup
maionese
picles

9 UNIDADES

Em uma panela grande, coloque a cevada e água suficiente para cobri-la. Adicione uma pitada de sal e deixe ferver. Reduza o fogo e cozinhe por 35-45 minutos, até ficar macia. Escorra e reserve.

Coloque a fatia de pão no processador, até obter uma farofa. Reserve.

Bata a cebola no processador, até ficar bem picada. Em uma frigideira antiaderente, refogue a cebola com 1 colher (sopa) de azeite em fogo baixo até ficar macia.

Passe o cogumelo e a salsa no processador, até ficarem bem picados também. Reserve.

Bata os ovos com uma pitada generosa de sal e misture-o bem com o cogumelo, a salsa, a cevada cozida, a cebola, a farofa de pão, o molho de soja e o queijo. Aqueça a manteiga e o restante do azeite em uma frigideira antiaderente grande. Faça bolinhas com a mistura de cogumelos, achate-as com uma espátula e frite-as até dourar, por 3-4 minutos. Vire-as para dourar do outro lado. Sirva quente dentro de um pão de hambúrguer com todos os acompanhamentos e batatas fritas ou, se preferir, somente o hambúrguer com purê de batata.

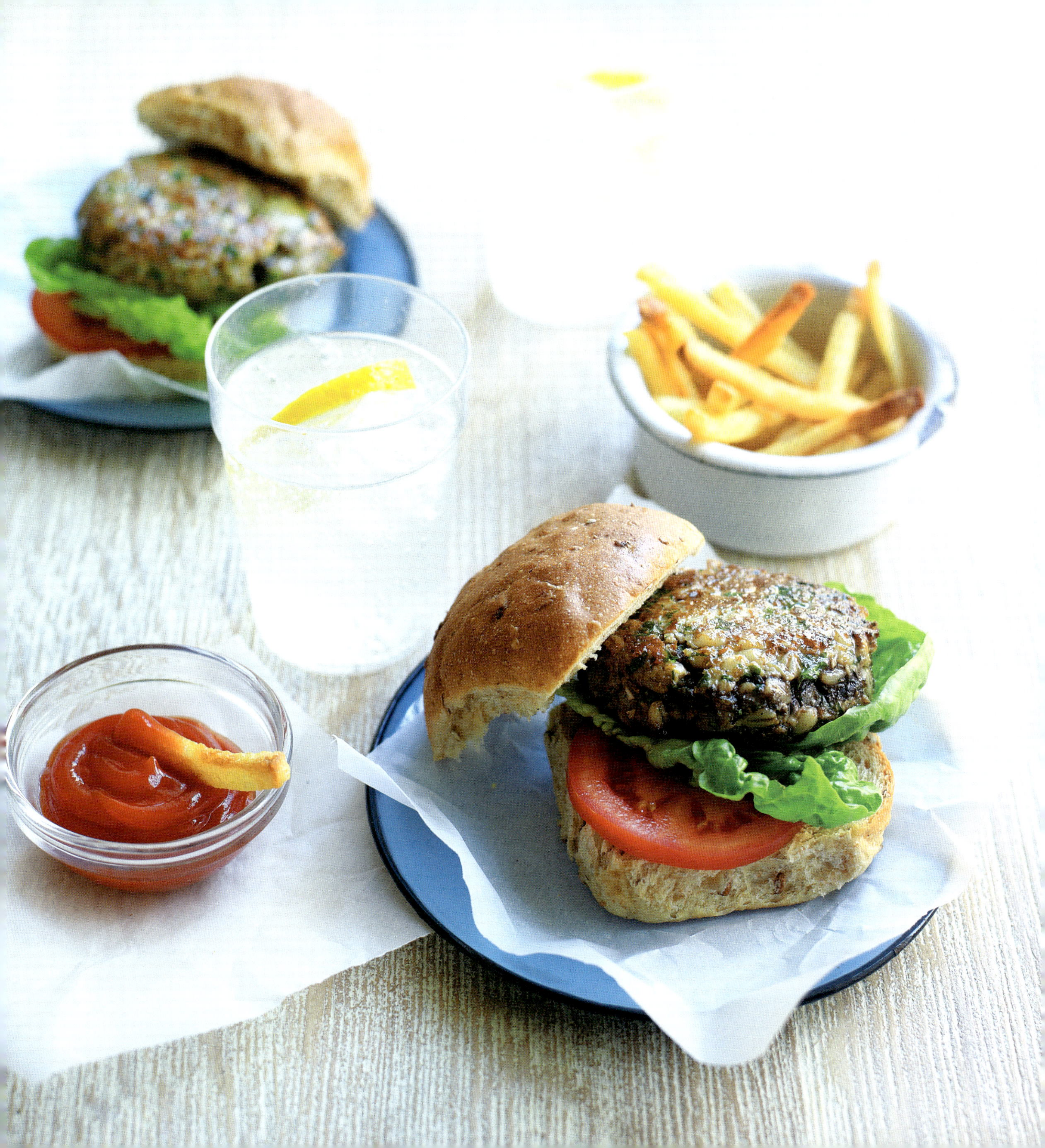

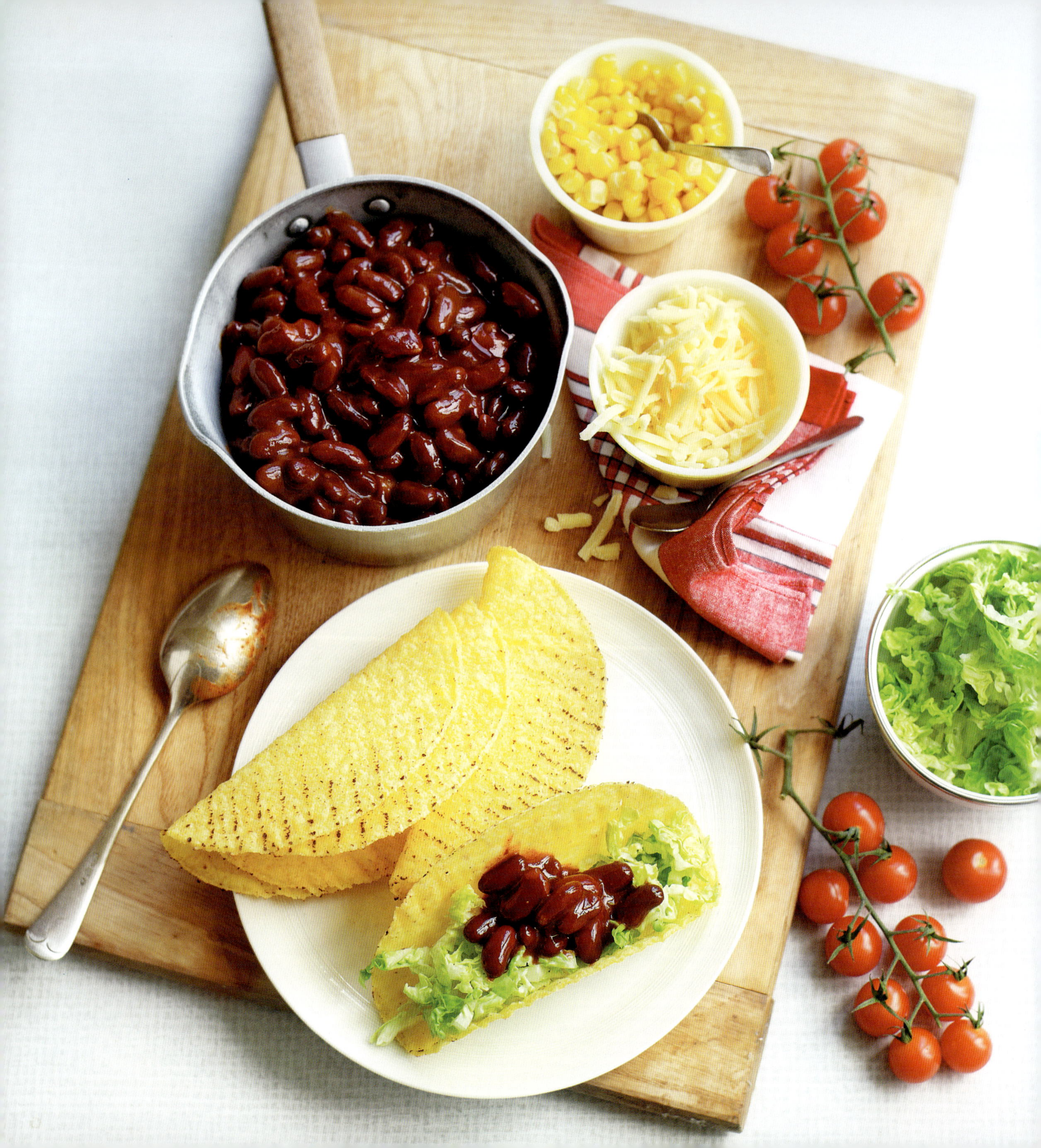

Em receitas com leguminosas, como feijão, lentilha e grão-de-bico, algumas famílias optam por usá-las industrializadas. Isso sem dúvida simplifica a vida, pois é uma maneira rápida e prática quando se tem pouco tempo. Qualquer que seja a sua escolha, esta receita é deliciosa. Recebi muitos elogios quando a preparei num jantar em casa. Agora é sua vez de experimentar.

feijão típico americano

410 g de feijão-branco cozido e escorrido
½ xícara (chá) de suco de maçã não adoçado (125 ml)
1 colher (chá) de vinagre de maçã
2 colheres (sopa) de ketchup
1 colher (chá) de açúcar mascavo, mel ou xarope de agave
1 colher (chá) de molho inglês
sal marinho

PRATO PRINCIPAL: 2 PORÇÕES OU
ACOMPANHAMENTO: 4 PORÇÕES

Em uma panela grande, misture bem todos os ingredientes e acrescente uma pitada de sal. Tampe a panela e cozinhe em fogo baixo por 25 minutos. Prove e acerte o tempero, adicionando mais sal ou suco de maçã, se necessário.

Destampe e deixe reduzir e engrossar por mais 10-20 minutos. Acerte o tempero. Sirva imediatamente.

Nota Fiz várias tentativas até dar certo. Grande parte do problema devia-se ao tipo do feijão. O feijão-branco produziu o melhor resultado, por ter a maciez e a textura desejadas. Mas fique à vontade para usar o feijão que mais agrada à sua família.

Esta é uma receita básica, mas não muito autêntica, que as crianças adoram. É fácil de preparar e nutritiva.

taco de feijão e molho barbecue

410 g de feijão-vermelho ou rajado cozido e escorrido
1 colher (sopa) de molho barbecue
1 colher (sopa) de ketchup
195 g de milho-verde cozido
5-6 tomates-cereja picados
1 alface-romana lavada, seca e rasgada em tiras
cheddar inglês ralado na hora, para servir
taco ou tortilha pronta

4-6 PORÇÕES

Coloque o feijão, o molho barbecue e o ketchup numa panela pequena. Refogue-os, mexendo sempre, até que o feijão aqueça por igual.

Arrume todos os outros ingredientes em tigelas separadas. Aqueça os tacos conforme as instruções da embalagem.

Para servir, recheie-os com um pouco da mistura de feijão. Ofereça as tigelas com as coberturas para que as crianças montem seus próprios tacos.

preferidos da criançada

Quanto mais marinado o tofu, mais gostoso ele fica – o ideal é deixá-lo de um dia para o outro. Uma boa opção é oferecer um molho de macarrão adicional para mergulhar os espetinhos ou mesmo molho de soja simples ou do tipo tamari. Para um paladar adulto, adicione ao molho de macarrão pimenta-malagueta fresca sem sementes picada e um toque de mirin, bem como um pouco de gergelim torrado. Sirva o tofu em pedaços ou, depois de fritos, espete-os em palitos de pirulito/picolé – os de churrasco são perigosos para as crianças. O importante é que eles tenham a aparência de espetinhos.

espetinho de tofu com macarrão oriental

PARA O ESPETINHO DE TOFU
- 200 g de Tofu prensado (p. 94) em pedaços
- 1 colher (sopa) de mel
- 1 colher (sopa) de mostarda de Dijon
- 1 colher (sopa) de molho de soja
- 1 xícara (chá) farinha de rosca integral (45 g)
- uma pitada generosa de páprica
- 1 colher (chá) de sal marinho
- óleo de canola, para fritar

PARA O MACARRÃO ORIENTAL
- 220 g de macarrão oriental com ovos
- 1 colher (sopa) de óleo vegetal
- 1 colher (sopa) de mel
- ¼ de xícara (chá) de suco de laranja ou maçã (60 ml)
- 3-4 colheres (sopa) de molho de soja ou tamari
- cebolinha, para servir

2-4 PORÇÕES

Arrume os pedaços de tofu em uma travessa grande, formando apenas uma camada.

Se necessário, amoleça o mel no micro-ondas por 10-20 segundos para misturá-lo aos ingredientes da marinada. Em uma tigela pequena, misture bem o mel, a mostarda e o molho de soja. Despeje a marinada sobre o tofu, envolvendo-os totalmente. Cubra com filme de PVC e leve à geladeira – de 30 minutos a 24 horas, no máximo.

Tempere a farinha de rosca com páprica e sal e espalhe em um prato. Retire o tofu da marinada e seque-o levemente com papel-toalha. Passe os pedaços na farinha de rosca, cobrindo-os de todos os lados, apertando para que a farinha fique bem aderida. Transfira para um prato limpo.

Em uma frigideira antiaderente, aqueça 2-3 colheres (sopa) de óleo (cobrindo o fundo da panela). Frite os pedaços de tofu por 2 minutos, até dourarem. Vire-os com cuidado com uma pinça de cozinha e continue fritando-os por cerca de 2 minutos de cada lado, até que estejam corados. Coloque-os sobre papel-toalha, insira os palitos e reserve.

Cozinhe o macarrão conforme as instruções da embalagem. Escorra e coloque óleo para não grudar. Misture o mel, o suco de laranja e o molho de soja em uma frigideira e adicione o macarrão cozido. Abaixe o fogo e deixe só até aquecer.

Sirva os espetinhos de tofu com macarrão e vagem. Ofereça molho de macarrão adicional ou molho de soja para acompanhar, com cebolinha picada, se desejar.

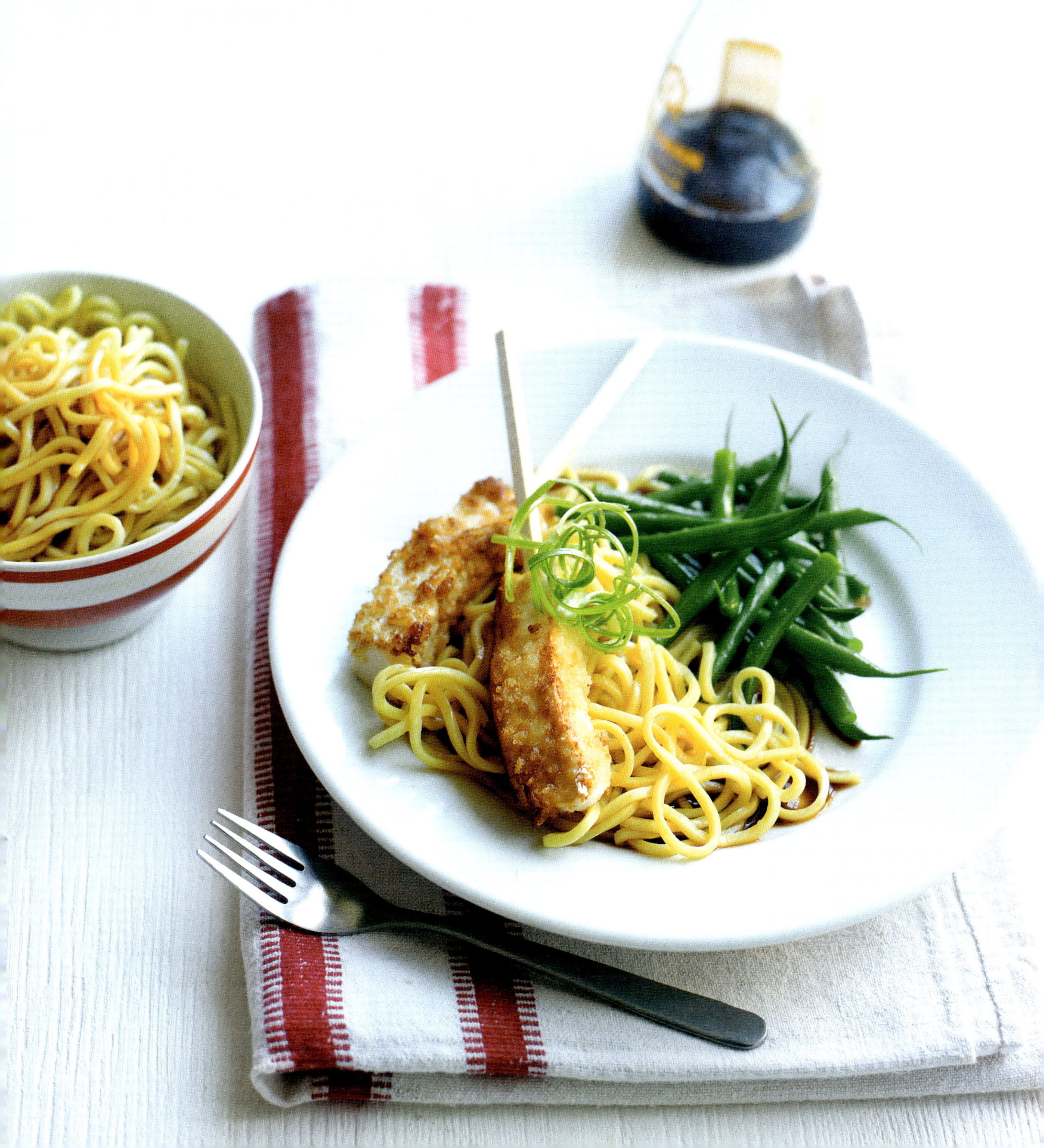

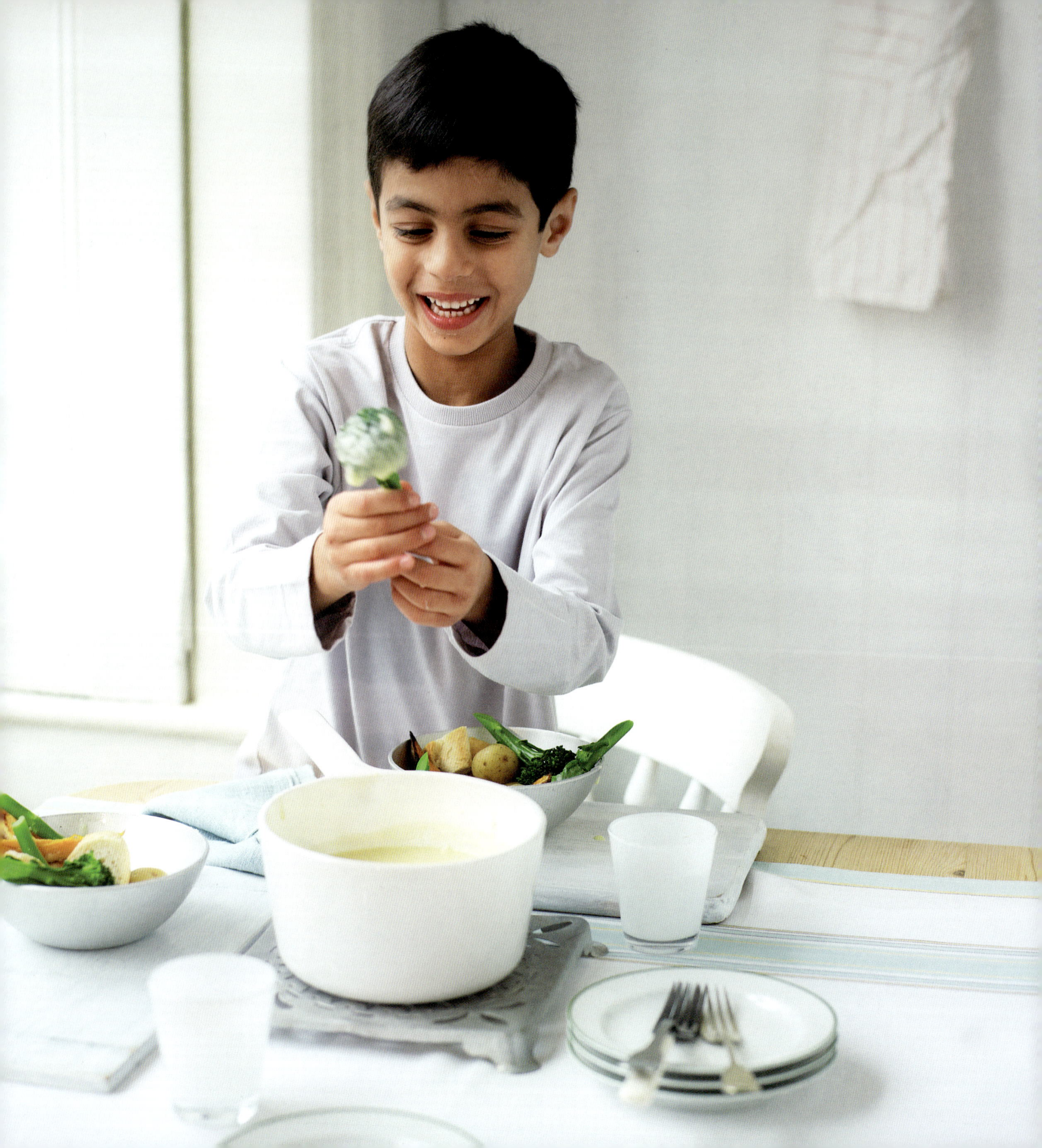

Esta é uma maneira muito divertida de fazer a criançada comer vegetais. Não é necessário ter uma panela de fondue, mas, é claro, fica bem mais atraente. Uso uma panela esmaltada, que funciona muito bem. A maioria dos queijos duros vegetarianos é apropriada para fondue, mas o ingrediente secreto é o queijo processado. Ele acrescenta um sabor maravilhoso e dá uma textura rica e cremosa. Para uma versão adulta, use queijos mais sofisticados e substitua o suco de maçã por vinho branco.

fondue de queijo

suco de ½ limão-siciliano
1 xícara (chá) de suco de maçã (250 ml)
2 colheres (chá) de maisena
2½ xícaras (chá) de cheddar inglês e/ou gruyère ralado na hora (300 g)
20 g de queijo processado

PARA SERVIR
cubos de pão
batata bolinha cozida
floretes de brócolis e/ou couve-flor cozidos no vapor
abóbora-cheirosa ou batata-doce assada e fatiada

6-8 PORÇÕES

Em uma panela grande, aqueça um pouco os sucos de limão e de maçã, junte a maisena e mexa até dissolvê-la. Adicione os queijos e misture sem parar, até eles derreterem.

Sirva na panela, tomando cuidado para as crianças não se queimarem. Como alternativa, passe para uma tigela de vidro refratário.

Nota O fondue pode precisar ir novamente ao fogo para manter a consistência. Reaqueça a panela, mexendo o fondue sem parar. Se estiver usando a tigela de vidro, aqueça-a em banho-maria. Cuidado com o recipiente quente perto das crianças.

preferidos da criançada

Na minha infância, as refeições eram, muitas vezes, um momento conturbado. Minha mãe tinha que lidar com quatro filhos, uma turma exigente em termos gastronômicos. Para piorar, cada um gostava de uma coisa diferente. Já viu esse filme? Pão recheado com carne era a única opção que agradava a todos. Eis, então, uma fantástica versão vegetariana

pão recheado

- 1 cebola picada grosseiramente
- 1 pimentão vermelho picado grosseiramente
- 1 talo de aipo picado
- 2 colheres (sopa) de azeite extravirgem ou óleo vegetal
- 2 dentes de alho amassados
- 1⅔ xícara (chá) de passata de tomate (400 ml)
- 2 colheres (chá) de molho inglês
- 1 colher (chá) de orégano
- 1 colher (chá) de cominho em pó
- 1 colher (sopa) de ketchup
- 1 colher (sopa) de vinagre de maçã
- 1 colher (sopa) bem cheia de açúcar mascavo
- 2 colheres (sopa) de molho barbecue
- 400 g de tofu firme prensado (ver quadro ao lado) e esfarelado
- 1 pão italiano (cerca de 400 g)
- queijo ralado na hora, para servir (opcional)
- sal marinho e pimenta-do-reino moída na hora

4-6 PORÇÕES

Passe a cebola, o pimentão e o aipo no processador. Ou, então, pique-os manualmente em pedaços bem pequenos.

Coloque os ingredientes em uma frigideira grande com tampa. Refogue esses ingredientes no azeite até ficarem macios, mexendo sempre. Adicione o alho e refogue por mais 1 minuto. Acrescente a passata, o molho inglês, o orégano, o cominho, o ketchup, o vinagre, o açúcar e o molho barbecue. Cozinhe em fogo baixo por 10 minutos. Prove e acerte o tempero. Junte o tofu, tampe a frigideira e deixe cozinhar por mais 15-20 minutos.

Nesse meio-tempo, corte a parte de cima do pão (a tampa) e reserve. Escave o miolo, esfarele e junte-o ao cozido de tofu.

Preaqueça o forno a 200°C.

Ajeite o pão sobre um pedaço de papel-alumínio que dê para embrulhá-lo. Recheie-o com a mistura, recoloque a tampa, embrulhe no papel-alumínio e leve para assar em forno preaquecido por 20 minutos.

Sirva com queijo ralado na hora, se desejar.

Variação Para Sanduíches de tofu, substitua o pão italiano por minipães franceses ou de hambúrguer. Não retire o miolo. Coloque o recheio sobre o pão cortado ao meio.

> **TOFU PRENSADO**
> O tofu precisa ser prensado antes de cozido, para eliminar umidade e obter uma textura melhor. Agradeço à minha orientadora de mestrado por ter compartilhado comigo suas dicas sobre tofu. Em qualquer receita que precise de tofu firme, remova-o da embalagem, coloque-o em um prato (fundo, por causa do líquido) e, sobre ele, apoie um prato pequeno e algumas latas (as de conserva são boas) para fazer peso. Certifique-se de que a borda do prato fundo não impeça que o peso seja exercido sobre o tofu. Deixe assim por 15 minutos, pelo menos, antes de usá-lo. Escorra e use conforme indicado nas receitas.

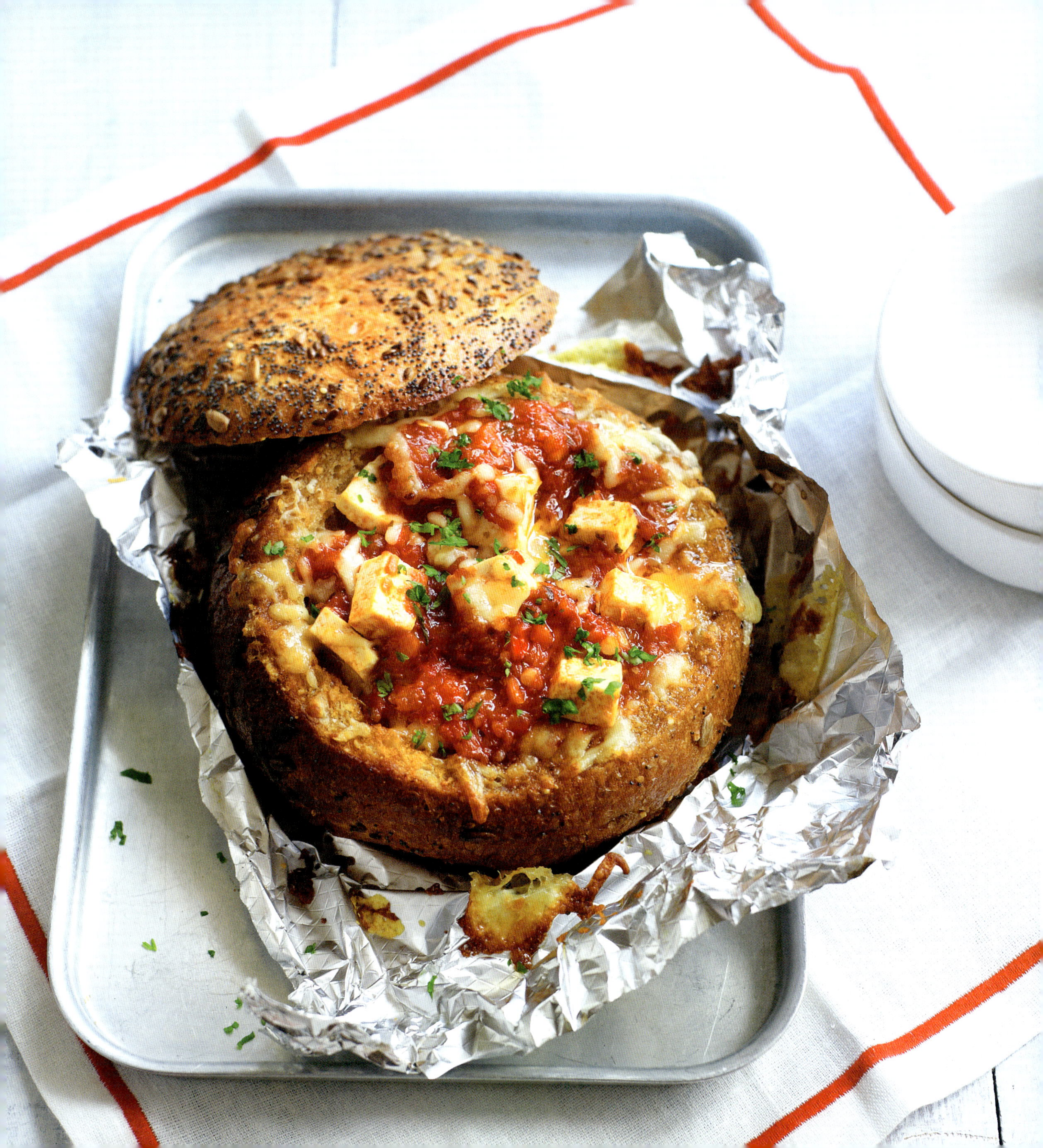

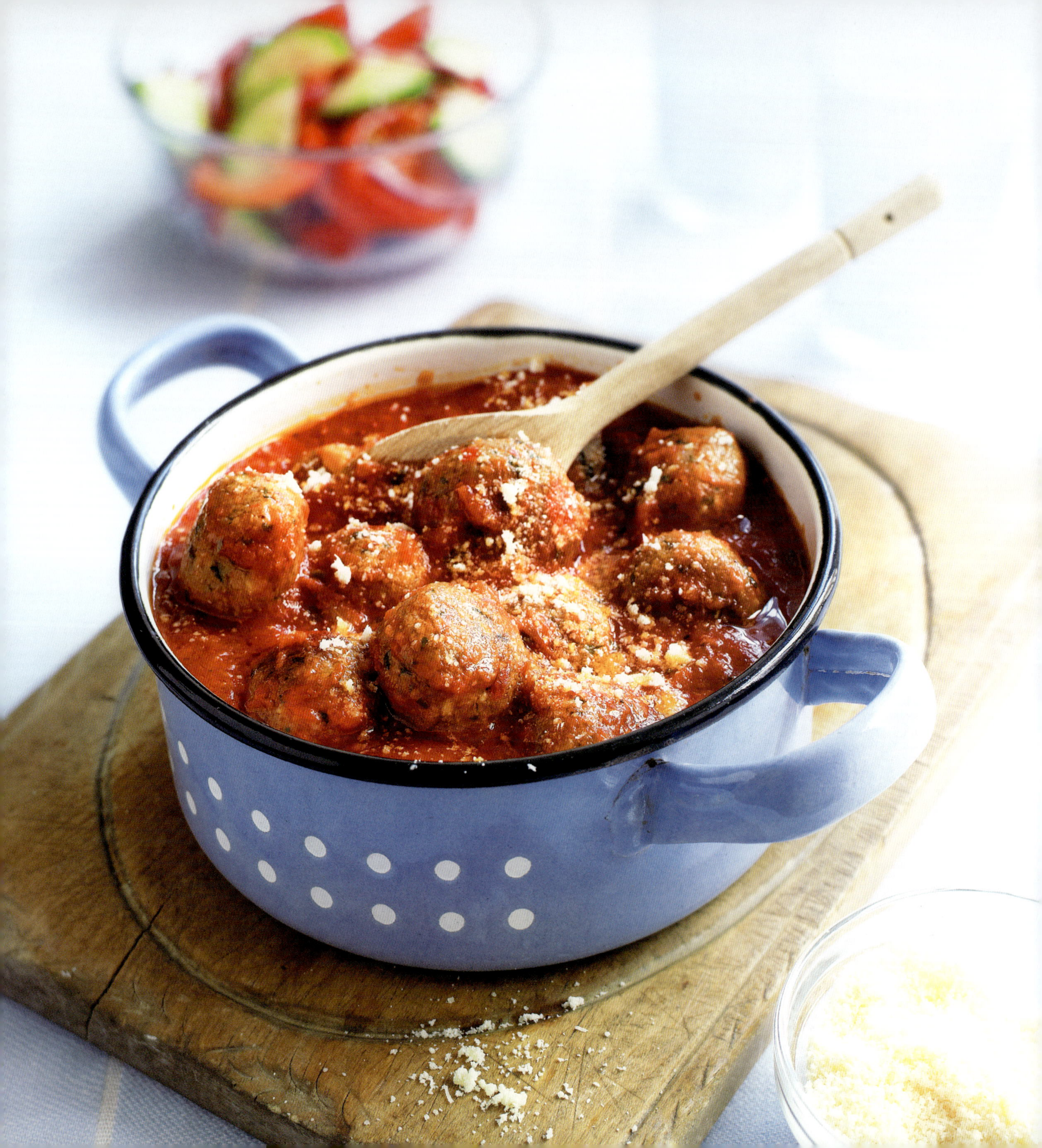

preferidos da criançada

Como não sou vegetariana, relutei em aceitar a ideia de um bolo salgado de castanhas, mas a escola de culinária em Londres onde trabalho tem uma receita deliciosa, e isso me convenceu. Fiz uma adaptação dela aqui. Como tudo o que eles fazem, a beleza está na simplicidade. Fácil de preparar e sem ingredientes complicados, basta usar produtos de qualidade que o resultado será fantástico. Experimente e comprove.

almôndega de castanhas

2½ xícaras (chá) de mix de castanhas (nozes, castanha-de-caju, amêndoa e castanha-portuguesa) (250 g)
1½ xícara (chá) de farinha de rosca integral (100 g)
2 cebolas médias cortadas em quartos
1 talo de aipo
1 cenoura pequena
2-3 dentes de alho
folhas de salsa de um maço pequeno
3-5 colheres (sopa) de azeite
1 colher (chá) de tomilho seco
2 colheres (chá) de caldo de legumes em pó
1 ovo batido
1-2 colheres (sopa) de leite
sal marinho e pimenta-do-reino moída na hora

PARA SERVIR (OPCIONAL)
Molho de tomate básico (p. 98)
espaguete ou penne integral
parmesão ralado na hora

4-6 PORÇÕES

Preaqueça o forno a 180°C. Passe as castanhas no processador até obter uma farofa. Junte com a farinha de rosca, tempere levemente e reserve.

Passe a cebola, o aipo, a cenoura, o alho e a salsa no processador até ficarem bem picados.

Aqueça 3 colheres (sopa) de azeite em uma frigideira, adicione os vegetais picados e o tomilho, tempere e refogue por 3-7 minutos. Retire do fogo e deixe esfriar.

Junte o refogado e a farofa de castanhas. Adicione o caldo de legumes dissolvido em meia xícara (chá) ou 125 ml de água quente. Mexa bem. Incorpore o ovo. Se a mistura estiver muito seca, acrescente leite ou água, 1 colher (sopa) por vez, até conseguir o resultado desejado. A mistura precisa estar cremosa, para que as almôndegas não fiquem secas, mas não amolecida.

Faça bolinhas com as mãos e arrume-as em uma assadeira. Asse em forno preaquecido por cerca de 35 minutos, até dourarem.

Coloque as almôndegas no molho de tomate e sirva com a massa e queijo ralado na hora, se desejar.

Variações Para fazer Hamburguinho de castanhas, achate um pouco as almôndegas e frite-os dos dois lados, até dourarem. Outra opção é fazer um Bolo salgado de castanhas: transfira a mistura para uma fôrma de pão antiaderente e leve ao forno por 35-40 minutos, até dourar por cima.

preferidos da criançada

torta de vegetais

Quando precisar preparar algo rápido e fácil, esta torta com massa folhada é uma ótima opção. Embora o formato de massa mais comum seja o retangular, qualquer um serve nessa receita. Se quiser, pode usar uma tigela pequena para cortar a massa folhada em círculos, rechear com uma mistura de vegetais e dobrar – pasteizinhos dão um pouco mais de trabalho, mas as crianças adoram ajudar na preparação. O espinafre é opcional; pode ser descartado se não tiver em casa ou se as crianças não gostarem. É um prato perfeito para alimentar um bando de crianças ou toda a família, acompanhado de batatas-bolinha cozidas no vapor e salada verde.

2 folhas de massa folhada pronta
3-4 cogumelos-de-paris grandes fatiados
1 pimentão vermelho ou amarelo em cubos
1 xícara (chá) de milho-verde cozido (200 g)
150 g de feijão branco ou rajado cozido e escorrido
3 xícaras (chá) de folhas de espinafre (75 g) lavadas e escorridas (opcional)
⅔ de xícara (chá) de cheddar inglês ralado na hora (80 g)
2-3 colheres (sopa) de leite, para pincelar

MOLHO DE TOMATE BÁSICO
1 cebola pequena picada
1 talo de aipo picado
1-2 colheres (sopa) de azeite
2 dentes de alho picados finamente
1 colher (chá) sal marinho
um pouco de vinho (opcional)
225 g de tomate pelado picado
uma pitada de açúcar

8-10 PORÇÕES

Para fazer o molho de tomate, refogue a cebola e o aipo em uma frigideira com azeite, até ficarem macios. Adicione o alho e deixe por mais 1 minuto. Tempere com sal e acrescente o vinho, se desejar. Mexa até evaporar. Junte o tomate e o açúcar, mexa bem e deixe apurar por 15 minutos. Prove e acerte o tempero. Reserve.

Preaqueça o forno a 200°C.

Forre uma assadeira com uma folha da massa, deixando pelo menos 1 cm a mais ao redor. Espalhe uma camada uniforme de molho de tomate sobre a folha. Por cima do molho, arrume o cogumelo, o pimentão, o milho, o feijão, o espinafre (se desejar) e o queijo.

Cubra com a outra folha de massa, dobre as bordas de baixo sobre a folha de cima e aperte para fechar. Pincele com leite. Faça cortes transversais finos na massa para liberar o vapor.

Asse no forno preaquecido por 25-30 minutos, até dourar. Sirva com batatas cozidas na água ou no vapor e salada, se desejar.

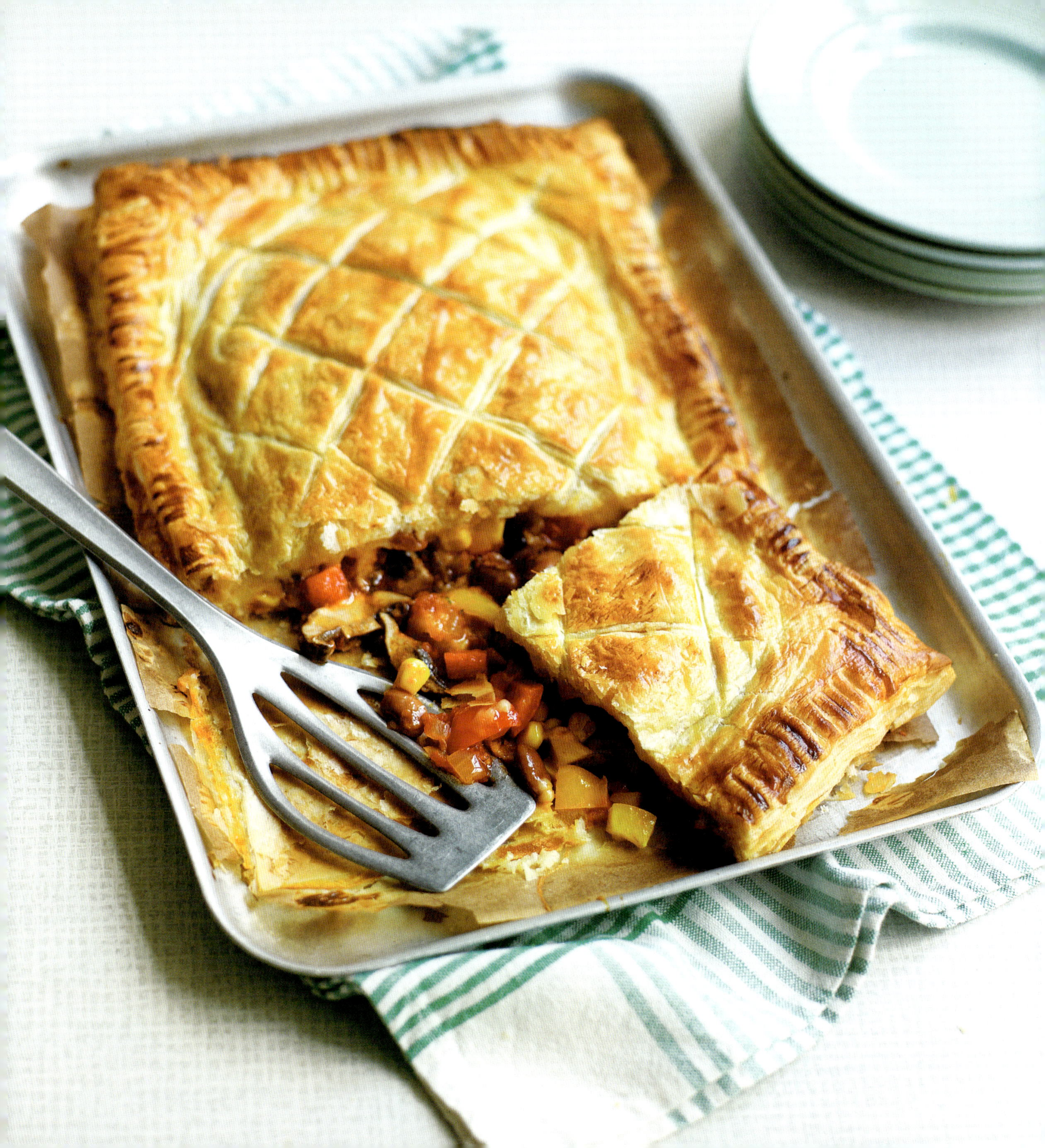

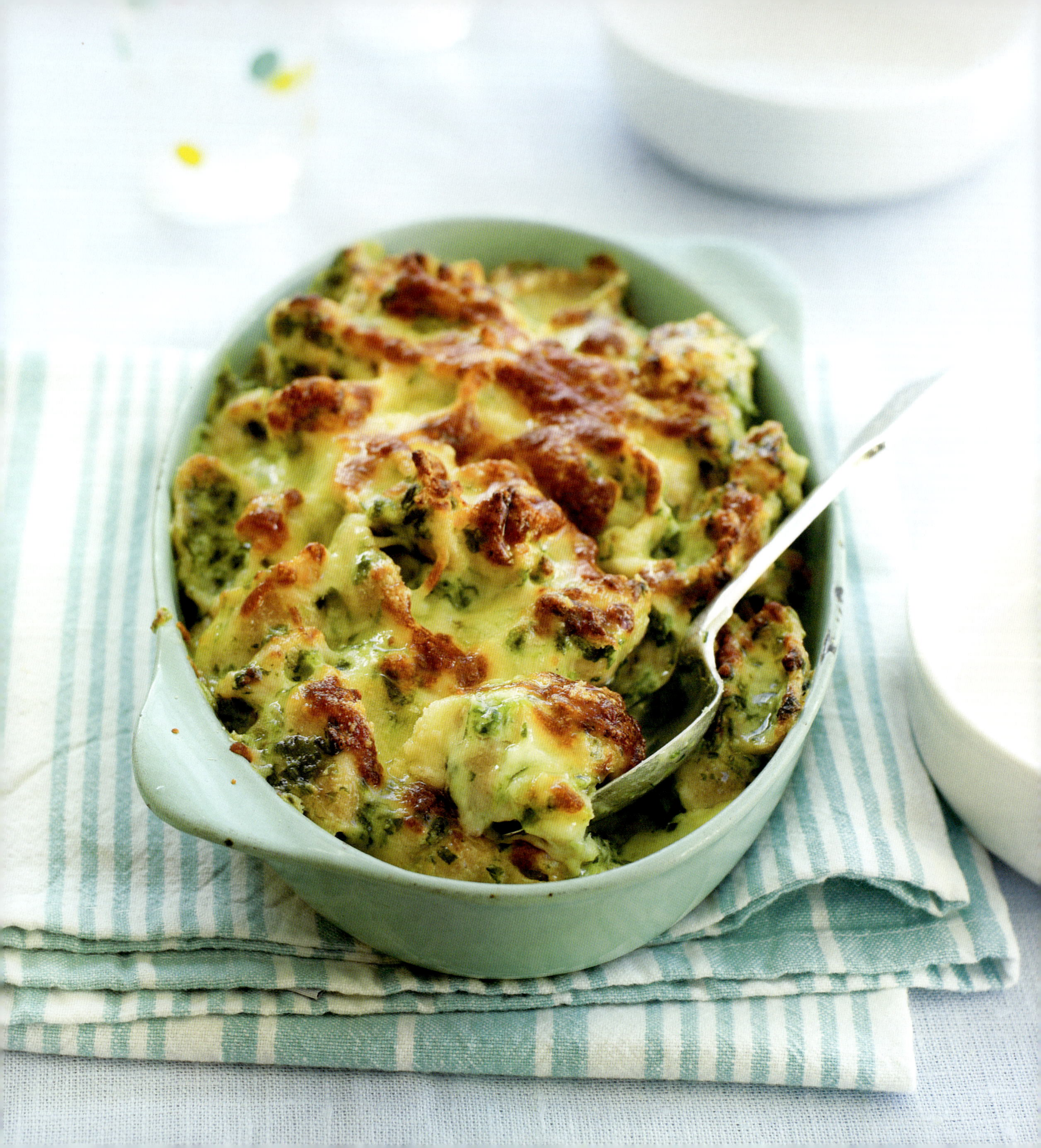

O clássico mac & cheese norte-americano é o preferido de muitas crianças – e de muitos adultos também. Com toda a razão, pois é um prato delicioso. Esta receita não é complicada e tem a vantagem de incluir vegetais, sempre muito bem-aceitos quando cobertos por molho de queijo. Diferentemente de outras deste livro, não pede massa integral, mas macaroni. Outras massas tubulares pequenas, por exemplo, o macarrão caracol, podem ser usadas. Esse prato vai agradar a família inteira.

macaroni ao queijo com espinafre

3½ colheres (sopa) de manteiga (50 g)

3 colheres (sopa) de farinha de trigo

2⅓ xícaras (chá) de leite (600 ml)

1½ xícara (chá) de cheddar inglês ralado na hora (100 g)

1 xícara (chá) de espinafre (150 g)

3 xícaras (chá) de macaroni ou outra massa tubular pequena (300 g)

3-4 colheres (sopa) de farinha de rosca integral

sal marinho e pimenta-do-reino moída na hora

6-8 PORÇÕES

Preaqueça o forno a 190°C.

Derreta a manteiga em uma panela em fogo médio. Adicione a farinha e mexa com uma colher de pau por 1 minuto. Despeje o leite aos poucos, mexendo sempre, e deixe cozinhar cerca de 5 minutos, até engrossar.

Tempere levemente, adicione o queijo e mexa até derreter. Retire do fogo e misture o espinafre. Prove e acerte o tempero. Acrescente mais queijo, a gosto.

Cozinhe o macaroni conforme as instruções da embalagem e escorra. Coloque-o num refratário de 30 cm x 20 cm previamente untado com bastante manteiga e despeje o molho por cima.

Misture bem e distribua de maneira uniforme. Polvilhe o macaroni com a farinha de rosca e asse no forno preaquecido por 20-30 minutos, até começar a ferver. Sirva quente.

Variação Outros vegetais podem ser usados no lugar do espinafre. Vegetais congelados funcionam bem nessa receita. Experimente milho-verde, brócolis, couve-flor e mix de legumes cortados em cubos. Crianças mais velhas podem gostar de 1-2 talos de aipo refogados em vez do espinafre.

preferidos da criançada

Polenta é o clássico fubá italiano preparado como uma espécie de mingau. Para esta receita, é necessária a versão instantânea, cujo preparo é bem rápido. Aqui, ela é usada sobre vegetais assados no forno com cobertura de muçarela derretida: uma torta nutritiva e saborosa que a criançada adora.

torta de polenta e vegetais

2 abobrinhas pequenas
1 pimentão vermelho
1 pimentão amarelo
300 g de brócolis cortados em floretes longos e finos
1 cebola roxa cortada em anéis grossos
1⅓ xícara (chá) de polenta instantânea (200 g)
1 colher (sopa) de manteiga
⅔ de xícara (chá) de cheddar inglês ralado na hora (80 g)
125 g de muçarela de búfala fatiada
azeite extravirgem
sal marinho

refratário quadrado de 25 cm x 25 cm ou redondo de 25 cm de diâmetro untado

6-8 PORÇÕES

Preaqueça o forno a 200°C.

Corte a abobrinha ao meio, na largura, e depois em tiras, no sentido do comprimento. Tire as sementes dos pimentões e corte-os em fatias grossas. Espalhe a abobrinha e os dois tipos de pimentão numa assadeira e adicione os brócolis e a cebola. Regue com 2-3 colheres (sopa) de azeite e misture bem. Tempere com sal e asse em forno preaquecido por 10-20 minutos, até ficarem levemente macios e dourarem. Talvez seja necessário assar em partes, dependendo do tamanho dos vegetais. Verifique após 15 minutos e, se necessário, retire só os brócolis, pois em geral assam mais rápido que os demais. Remova a assadeira do forno e transfira o conteúdo para o refratário untado.

Em uma panela grande, coloque 800 ml de água com um pouco de sal e despeje aos poucos a polenta, mexendo sempre, até engrossar. Tome cuidado porque a polenta pode respingar ao ferver. Abaixe o fogo e cozinhe por mais 5 minutos, sem parar de mexer.

Retire do fogo, acrescente manteiga e o cheddar ralado. Com uma espátula, espalhe uniformemente a polenta sobre os vegetais. Distribua as fatias de muçarela sobre a polenta e asse em forno preaquecido por cerca de 25 minutos, até gratinar. Sirva quente.

Variação Para uma refeição rápida e fácil, asse a polenta em fôrma bem untada, sem os vegetais, e sirva em fatias com Molho de tomate básico (p. 98) e algum vegetal de sua preferência cozido no vapor.

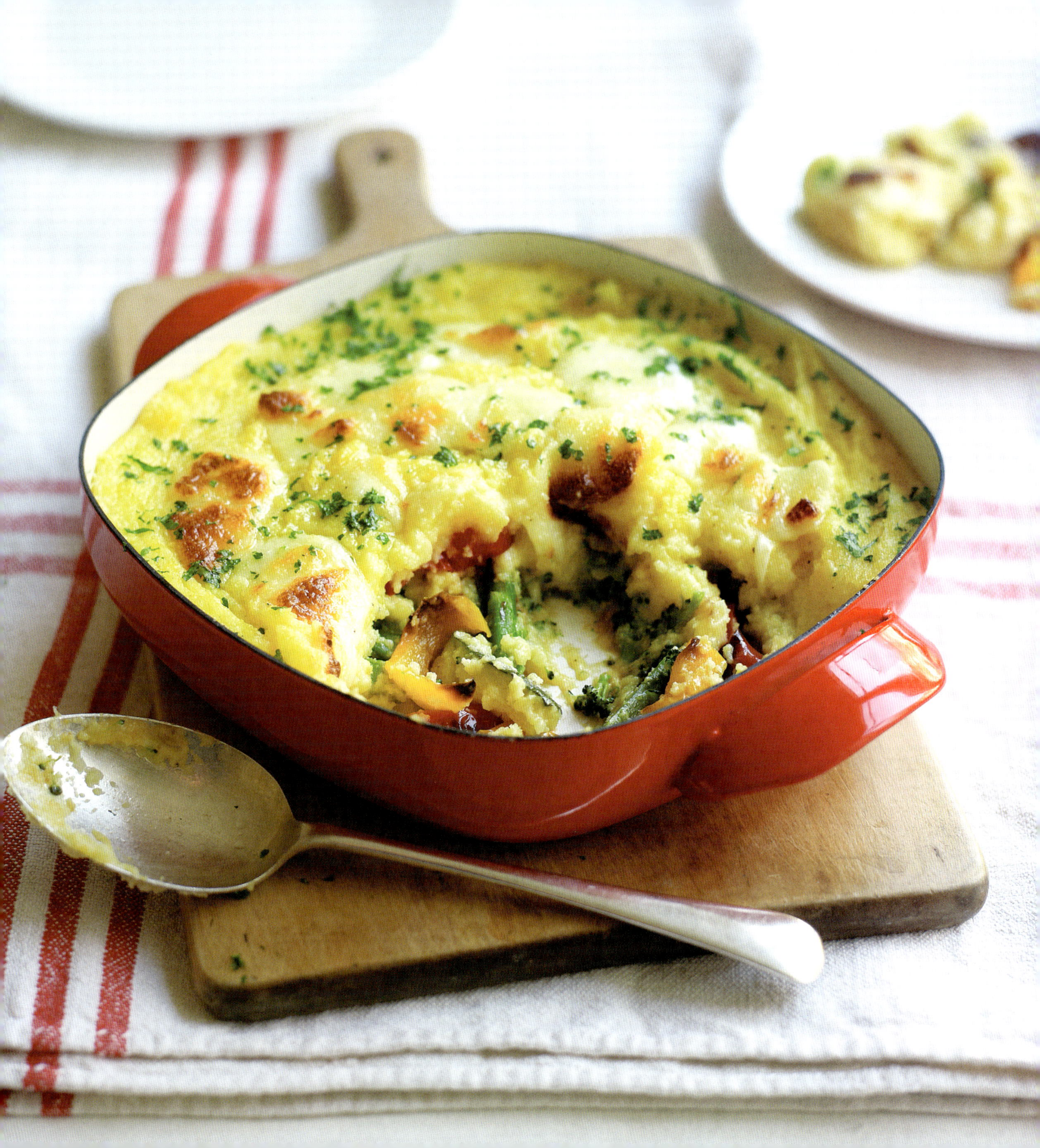

refeição em família

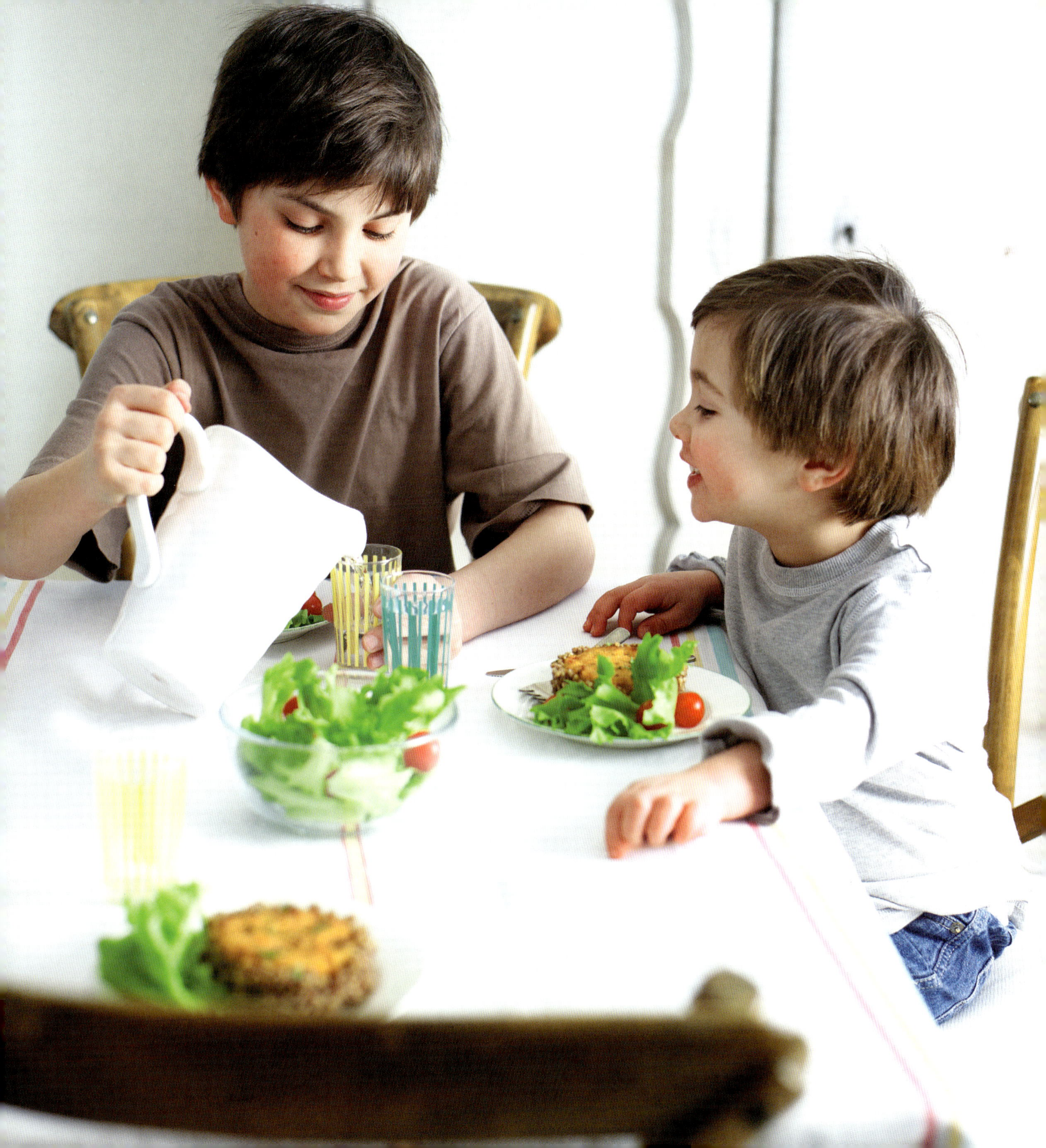

Quando descobri que feijão em forma de purê é mais fácil de agradar, comecei a colecionar todas as receitas possíveis com esse ingrediente. Esta fez bastante sucesso com pessoas de todas as idades. Qualquer tipo de feijão cozido pode ser usado: branco, vermelho, rajado... E é também uma boa maneira de servir um alimento altamente nutritivo.

quiche de feijão, queijo e tomate com crosta de trigo-sarraceno

1 xícara (chá) de trigo-
   -sarraceno em grãos (150 g)
820 g de feijão cozido e
   escorrido
1 cebola picada
¾ de xícara (chá) de creme
   de leite fresco (165 ml)
1 dente de alho amassado
2 colheres (sopa) de pasta
   de tomate seco
1 colher (chá) de tomilho seco
3 tomates picados
1 xícara (chá) de cheddar
   inglês ralado na hora (70 g)
¼ de colher (chá) de páprica
2 ovos batidos
folhas de salsa picadas
sal marinho e pimenta-do-
   -reino moída na hora

6-8 UNIDADES

Preaqueça o forno a 200°C.

Leve o trigo-sarraceno ao fogo em uma panela com 300 ml de água fria. Deixe levantar fervura e cozinhe em fogo baixo destampado por 7 minutos. Desligue, tampe e reserve, até que a água seja absorvida.

Enquanto isso, passe o feijão cozido e escorrido no processador com a cebola e o creme de leite até obter uma mistura homogênea. Transfira para outra tigela e misture com o alho, a pasta de tomate seco, o tomilho, o tomate, o queijo e a páprica. Tempere bem. Prove, acerte o tempero e acrescente os ovos. Reserve.

Assim que o trigo-sarraceno esfriar o suficiente para ser manuseado, molde a massa em 6-8 forminhas redondas caneladas (cerca de 8 cm de diâmetro), levantando as bordas para fazer uma crosta. Arrume as fôrmas em uma assadeira e adicione a mistura de feijão. Asse em forno preaquecido por 25-30 minutos, até ficar firme nas bordas, mas um pouco mole no meio. Salpique de salsa e sirva quente com salada.

Variação Se preferir, prepare uma grande quiche numa fôrma redonda de 23 cm de diâmetro com fundo removível. Não se esqueça de untar a fôrma.

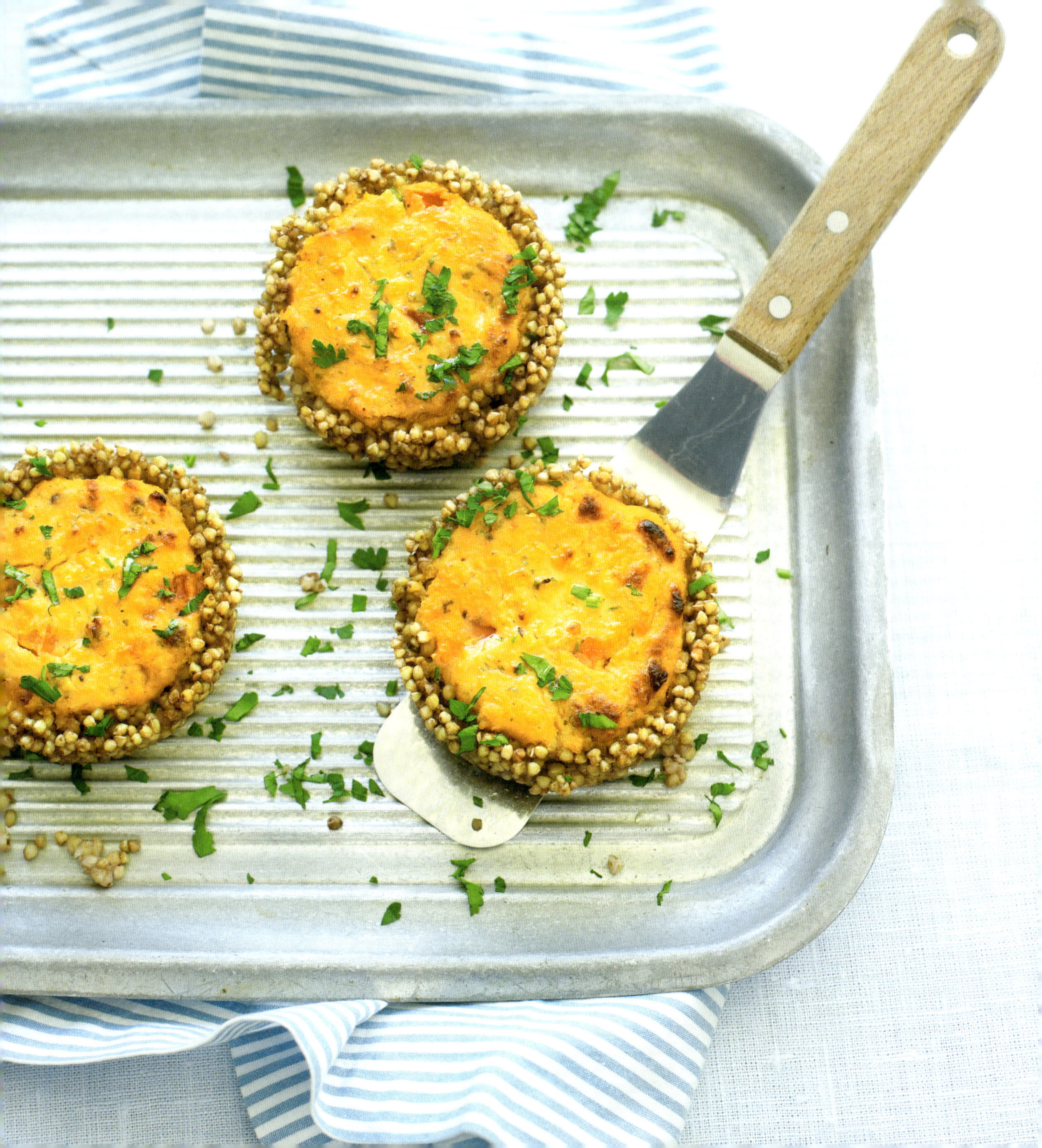

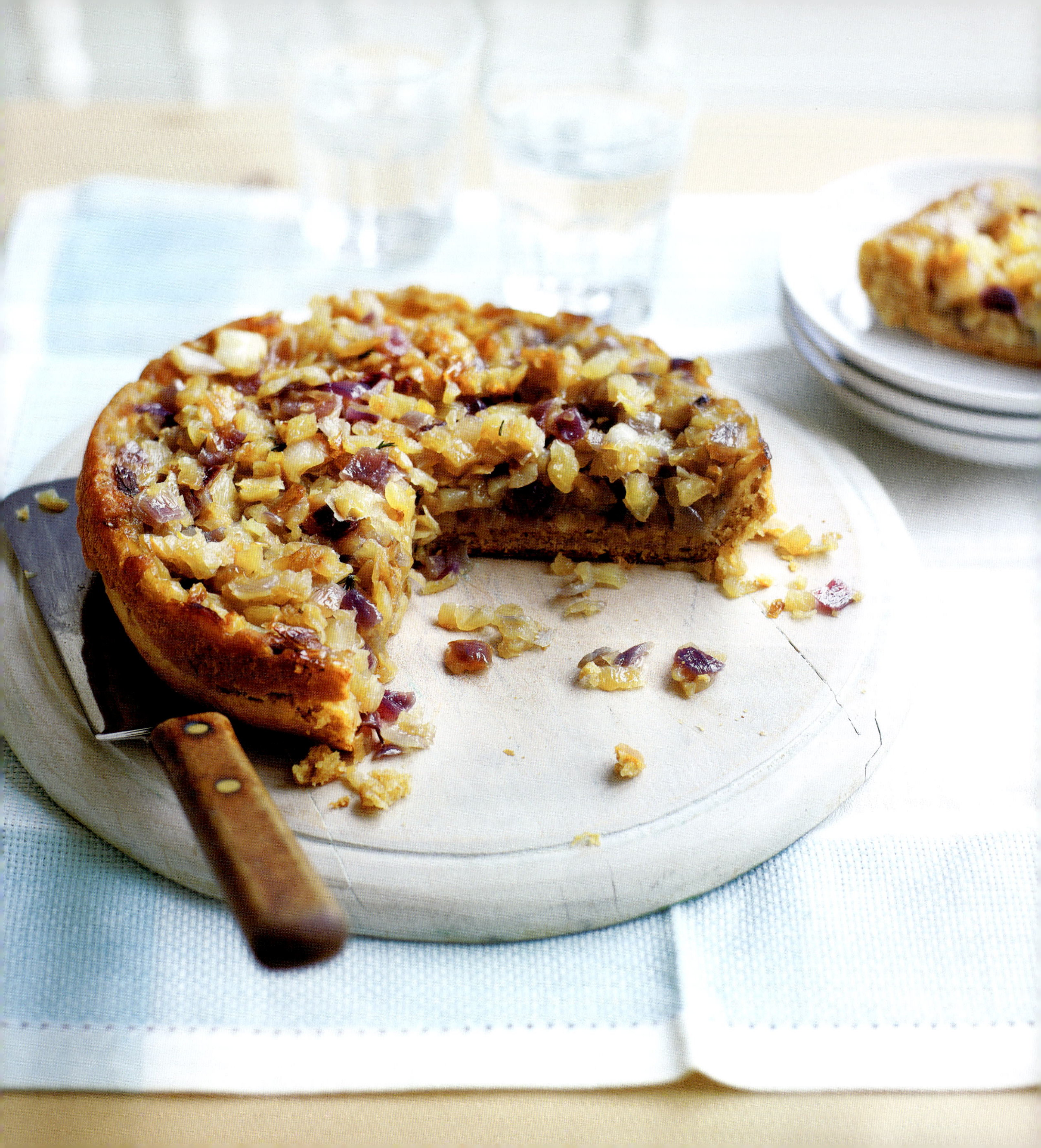

refeição em família

A inspiração para esta receita foi a torta de cebola de uma amiga minha – os filhos dela adoram a torta que ela faz. Embora a versão original peça massa podre, no dia em que resolvi testar a receita estava sem tempo para prepará-la. Eu havia acabado de fazer uma fornada de scone e estava com os ingredientes à mão, então decidi fazer mais massa e joguei sobre as cebolas. Ficou uma delícia – e foi muito fácil de preparar. Essa é uma ótima opção para um jantar saudável e substancioso durante a semana. Salada de folhas é o acompanhamento perfeito para ela, e frutas frescas e iogurte de sobremesa a complementam muito bem.

torta de cebola

2-3 colheres (sopa) de azeite extravirgem

5-6 cebolas (uma mistura de cebolas roxas e brancas)

folhas de tomilho

1 xícara (chá) de farinha de trigo (125 g)

1 xícara (chá) de farinha de trigo integral (125 g)

1 colher (chá) bem cheia de fermento em pó

¼ colher (chá) de sal marinho

75 g de manteiga sem sal em temperatura ambiente cortada em pedaços

⅓ de xícara (chá) de leite (150 ml)

frigideira com cabo refratário ou fôrma redonda antiaderente

6-8 PORÇÕES

Preaqueça o forno a 200°C.

Aqueça o azeite. (Se estiver usando a frigideira com cabo refratário, é possível refogar as cebolas e assar a torta no mesmo utensílio. Ou refogue as cebolas em frigideira antiaderente e transfira-as para uma fôrma de torta redonda.) Refogue as cebolas e o tomilho em fogo médio por 5-8 minutos, mexendo de vez em quando, até as cebolas ficarem macias e dourarem. Tempere bem. Reserve enquanto prepara a massa.

Misture as duas farinhas, o fermento e o sal. Adicione a manteiga e misture com a ponta dos dedos, fazendo uma farofa grossa. Adicione o leite e amasse, até obter uma mistura homogênea. Sobre uma superfície enfarinhada, abra a massa em formato redondo, um pouco maior que o diâmetro da frigideira ou da fôrma.

Transfira a massa para a frigideira, vedando bem as bordas para cobrir as cebolas. Faça alguns cortes na massa com uma faca afiada para liberar o vapor.

Asse em forno preaquecido por 20-25 minutos, até a massa ficar firme. Deixe esfriar por alguns minutos, vire a torta em um prato grande e sirva-a cortada em fatias.

refeição em família

Crumble de legumes é um dos pratos básicos da cozinha vegetariana britânica há muito tempo. Recentemente, uma amiga lembrou que, na década de 1970, ela o preparava para o irmão vegetariano porque a mãe deles não cozinhava nada sem carne. Procurei a receita original em um lendário livro de receitas e decidi atualizá-la. Aqui está o resultado. Usei abóbora-cheirosa, quase desconhecida na Grã-Bretanha daquela época, mas muito popular hoje, em especial entre as crianças. Também é inspirada numa receita provençal tradicional, que combina purê de abóbora, arroz e molho bechamel.

crumble de abóbora-cheirosa e castanha-portuguesa

1 kg de abóbora-cheirosa
1 xícara (chá) de castanha-portuguesa picada (150 g)
1 xícara (chá) de arroz integral cozido (225 g)
150 g de manteiga
3 colheres (sopa) de farinha de trigo
2⅓ xícaras (chá) de leite (600 ml)
1 xícara (chá) de cheddar inglês ralado na hora (70 g)
1 xícara (chá) de farinha de trigo integral (175 g)
2 colheres (sopa) de semente de abóbora
2 colheres (sopa) de semente de girassol
3 colheres (sopa) de parmesão ralado na hora
uma pitada de sal marinho

4-6 PORÇÕES

Preaqueça o forno a 190°C.

Descasque e tire as sementes da abóbora-cheirosa, cortando-a em pedaços grandes. Coloque-a em um refratário previamente untado com bastante manteiga, com a castanha-portuguesa e o arroz cozido e misture com cuidado. Reserve.

Para fazer o molho, derreta numa panela 50 g de manteiga em fogo médio. Junte a farinha e mexa por 1 minuto. Acrescente o leite aos poucos e cozinhe por cerca de 5 minutos, mexendo com frequência, até engrossar. Tempere levemente, acrescente o cheddar e deixe derreter. Prove e acerte o tempero.

Despeje o molho no preparado de abóbora-cheirosa e misture. A abóbora deve ficar coberta pelo molho.

Para fazer o crumble, misture o restante da manteiga, a farinha integral, as sementes, o parmesão e o sal no processador. Distribua sobre a abóbora uniformemente, mas sem formar uma cobertura compacta.

Asse em forno preaquecido por 30-40 minutos, até gratinar. Sirva quente ou morno.

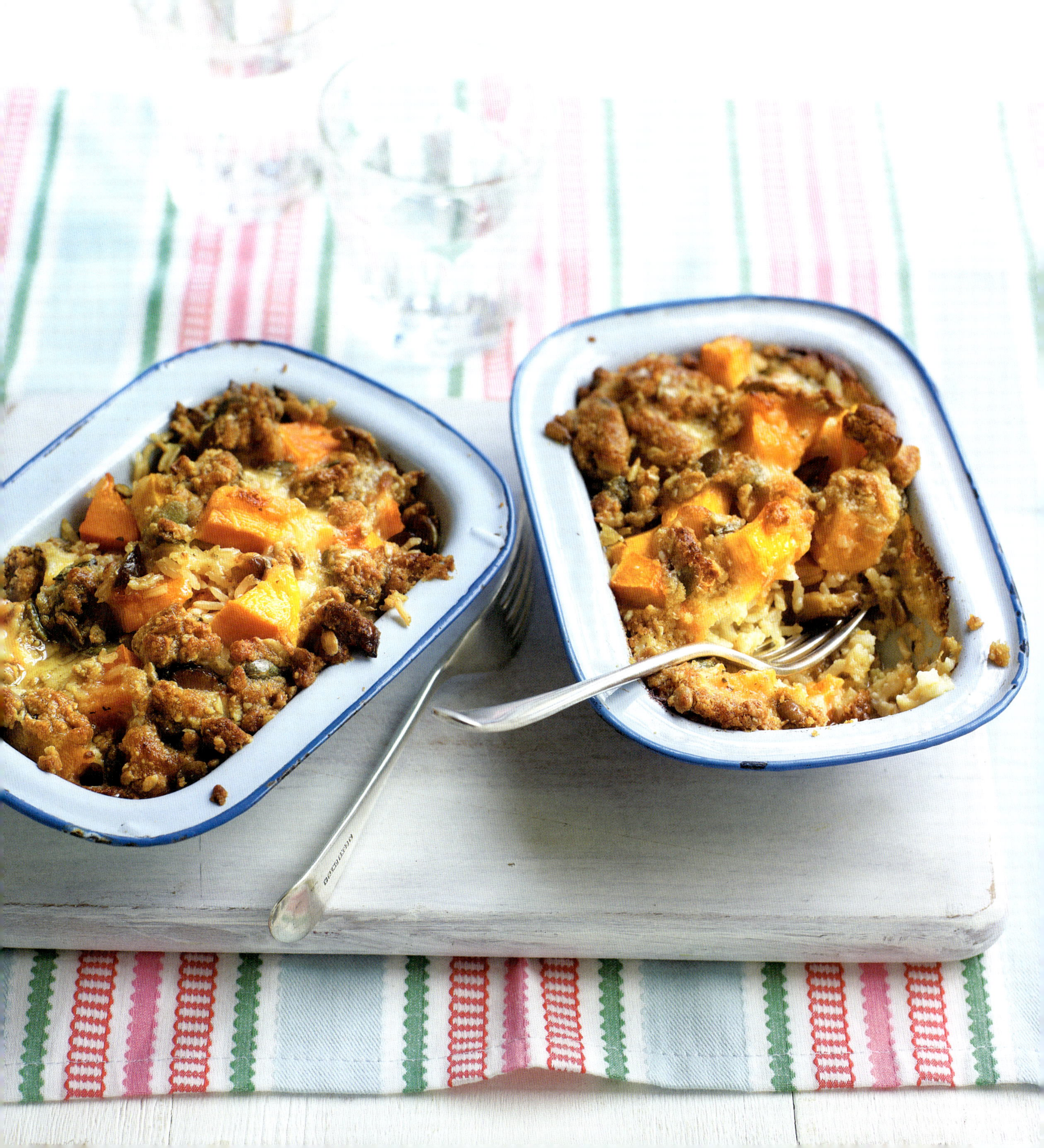

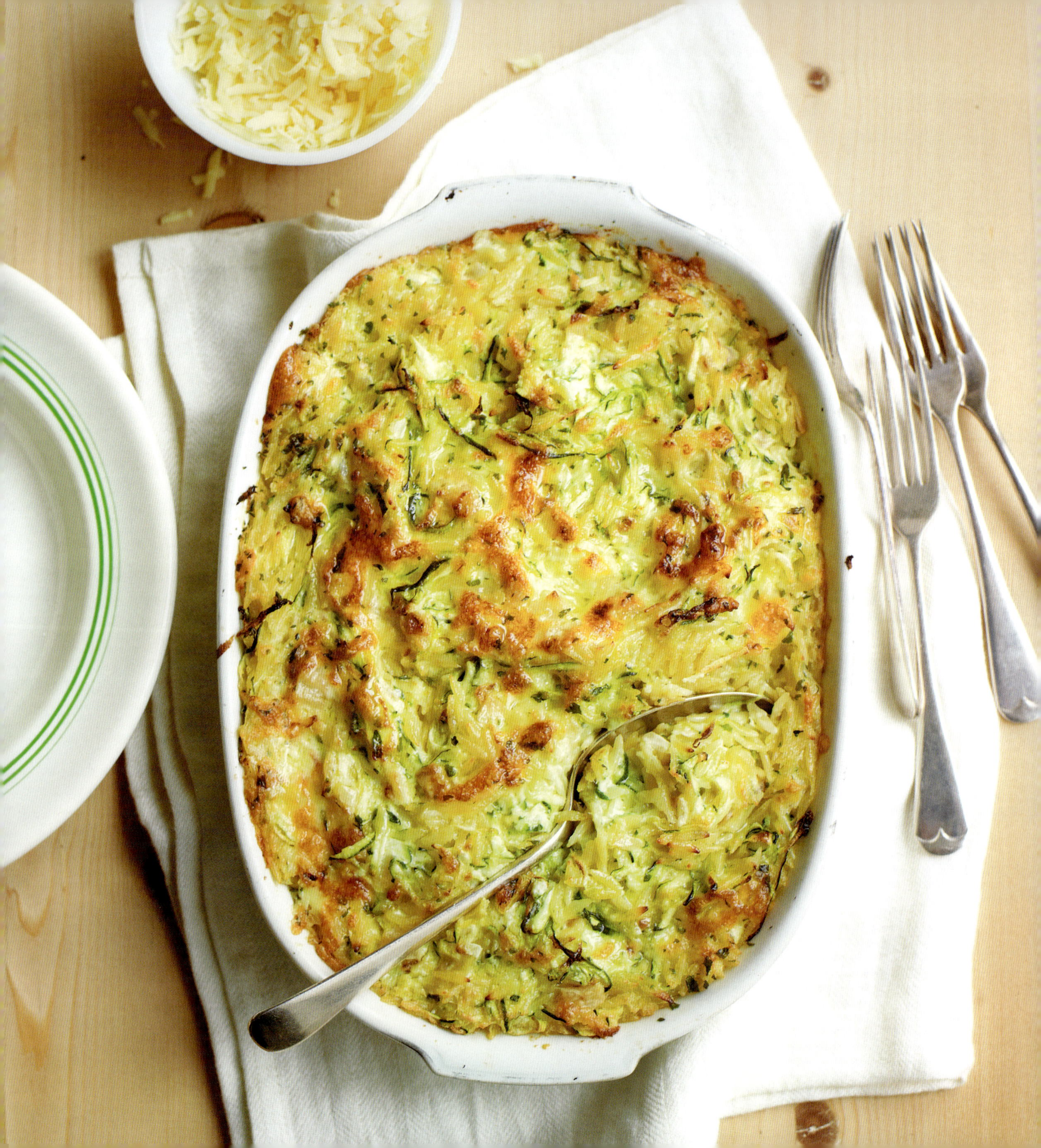

Há algo de muito agradável na textura do risoni, que casa bem com abobrinha (ela praticamente desaparece no molho, o que é bom se for preciso disfarçar os legumes). Este prato é ideal para muitas pessoas. Pode ser oferecido como prato único ou acompanhado de salada de feijão. Uma opção completa e nutritiva é misturá-lo com feijão-bolinha, feijão-branco ou grão-de-bico e servi-lo com salada de tomate.

risoni cremoso ao forno

2 xícaras (chá) de risoni (250 g)
1⅔ xícara (chá) de creme de leite fresco ou coalhada (400 ml)
1 abobrinha ralada
um punhado generoso de folhas de salsa picadas (opcional)
raspas de ½ limão-siciliano
½ xícara de queijo duro (cheddar inglês ou emmental) ralado na hora ou queijo feta esfarelado (50 g)
sal marinho e pimenta-do--reino moída na hora

refratário de 30 cm x 20 cm untado com óleo ou manteiga

6-8 PORÇÕES

Aqueça o forno a 200°C.

Cozinhe o risoni conforme as instruções da embalagem, escorra-o bem e o coloque em uma tigela. Adicione o creme de leite, a abobrinha, a salsa (se desejar) e as raspas de limão. Misture bem. Tempere e arrume uniformemente no refratário. Polvilhe com queijo.

Asse em forno preaquecido por 20-30 minutos, até dourar. Sirva imediatamente com salada de feijão ou de tomate.

Variação Para preparar Risoni com tomate ao forno, dispense o creme de leite e as raspas de limão e prepare o Molho de tomate básico (p. 98), substituindo os tomates por 700 ml de passata de tomate. Junte a massa cozida ao molho, acrescente a abobrinha e a salsa (se desejar) e misture bem. Tempere levemente e arrume de modo uniforme no refratário. Polvilhe com queijo ralado e leve ao forno, conforme a receita principal.

refeição em família

Esta combinação de vegetais oferece uma agradável mistura de cores, sabores e texturas. Se quiser, prepare esse prato com outros vegetais à sua escolha ou apenas um tipo deles. Couve-flor e brócolis ficam deliciosos gratinados. Sirva com cereais integrais ou salada de feijão.

gratinado de vegetais com tofu

2 xícaras (chá) de verduras, como repolho ou espinafre, fatiadas (200 g)
1 alho-poró picado finamente
1 cenoura grande ralada
1 batata-doce picada finamente ou ralada grosseiramente
1⅔ xícara (chá) de creme de leite light ou coalhada (400 ml)
100 g de tofu macio
1 ovo
3-4 colheres (sopa) de parmesão ralado na hora
3-4 colheres (sopa) de farinha de rosca

assadeira de 30 cm x 20 cm untada com bastante manteiga

6 PORÇÕES

Preaqueça o forno a 200°C.

Coloque água numa panela grande e leve à fervura. Acrescente as verduras e cozinhe-as por 1-2 minutos, apenas para branqueá-las. Escorra. Misture as verduras com o alho-poró, a cenoura e a batata-doce na assadeira untada. Tempere e misture bem.

Passe o creme de leite, o tofu e o ovo no processador até obter uma massa homogênea. Despeje-a sobre os vegetais. Polvilhe com queijo ralado e com farinha de rosca.

Asse em forno preaquecido por 30-40 minutos, até gratinar. Sirva imediatamente.

Ótima opção para inserir o tofu na alimentação das crianças; o molho é forte e saboroso. Se o tofu não agradar, substitua-o por floretes de brócolis, ervilha-torta ou vagem-francesa cozida no vapor. Sirva com arroz e alguma verdura, se desejar.

tofu agridoce

1 colher (sopa) de óleo vegetal
1 cebola média cortada em pedaços de 2 cm
1 pimentão vermelho em pedaços de 2 cm
1 cenoura em rodelas finas
1 talo de aipo em pedaços de 2 cm
1 colher (chá) de farinha de trigo
½ xícara (chá) de suco de abacaxi (125 ml)
½ xícara (chá) de suco de maçã (125 ml)
½ xícara (chá) de ketchup (125 ml)
1 colher (sopa) de molho de soja
1-3 colheres (chá) de vinagre de maçã
225 g de abacaxi picado
350 g de Tofu prensado (p. 94) em cubos
arroz cozido, para servir

3-4 PORÇÕES

Em uma frigideira com tampa, refogue a cebola e o pimentão no óleo por cerca de 3 minutos, até começarem a amaciar. Adicione a cenoura e o aipo e deixe por mais 5-10 minutos, mexendo de vez em quando, até que eles fiquem levemente tenros.

Misture a farinha e refogue por mais 1 minuto. Adicione os sucos de abacaxi e de maçã, o ketchup, o molho de soja e 1 colher (sopa) de vinagre. Misture bem, cubra e apure em fogo baixo por 5 minutos.

Adicione com cuidado os pedaços de abacaxi e o tofu. Tampe a frigideira e cozinhe em fogo baixo por 3-5 minutos. Se houver tempo, deixe descansar tampado por cerca de 30 minutos, para que o tofu absorva todos os aromas. Reaqueça antes de servir. Ou sirva imediatamente com o arroz.

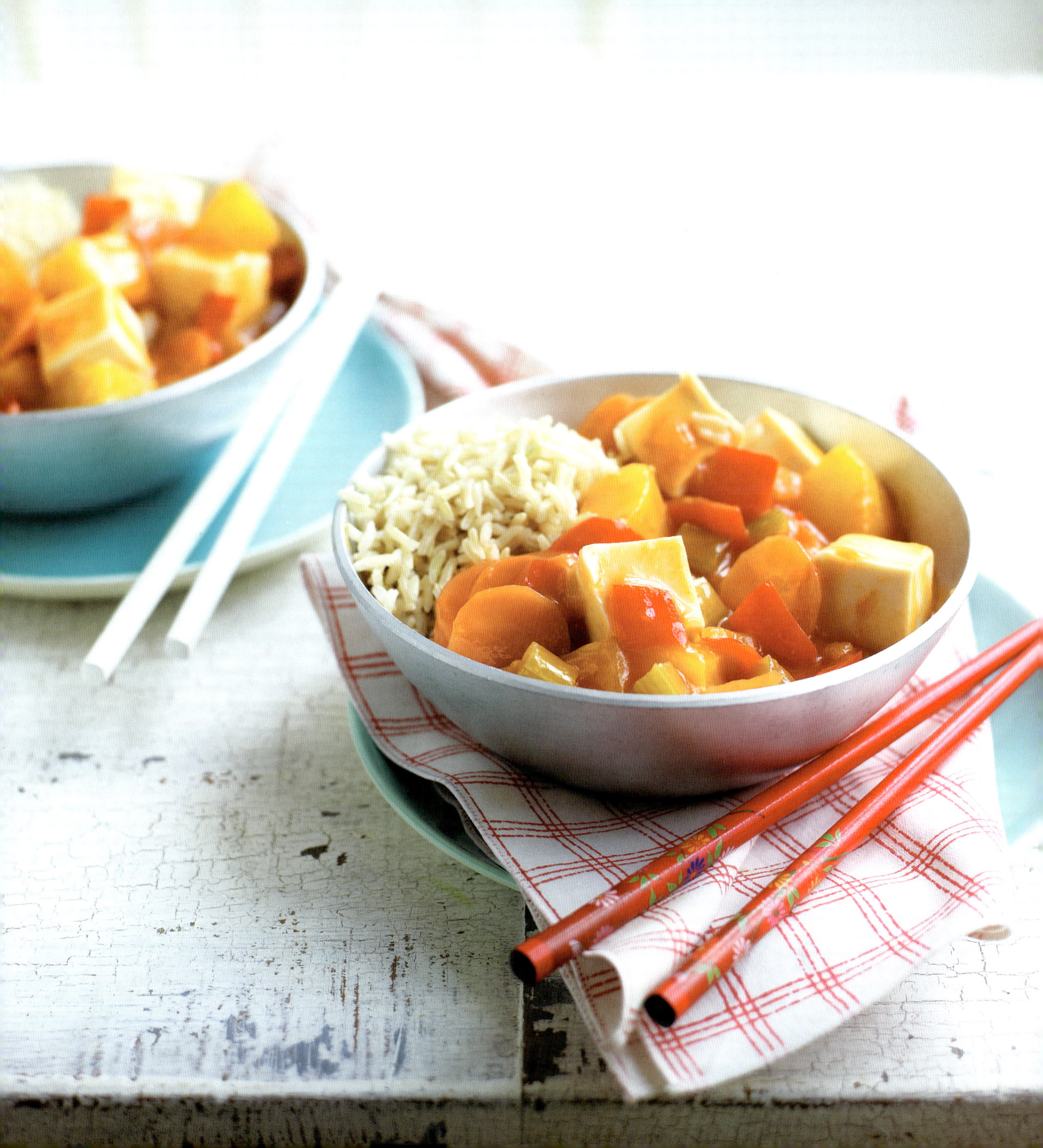

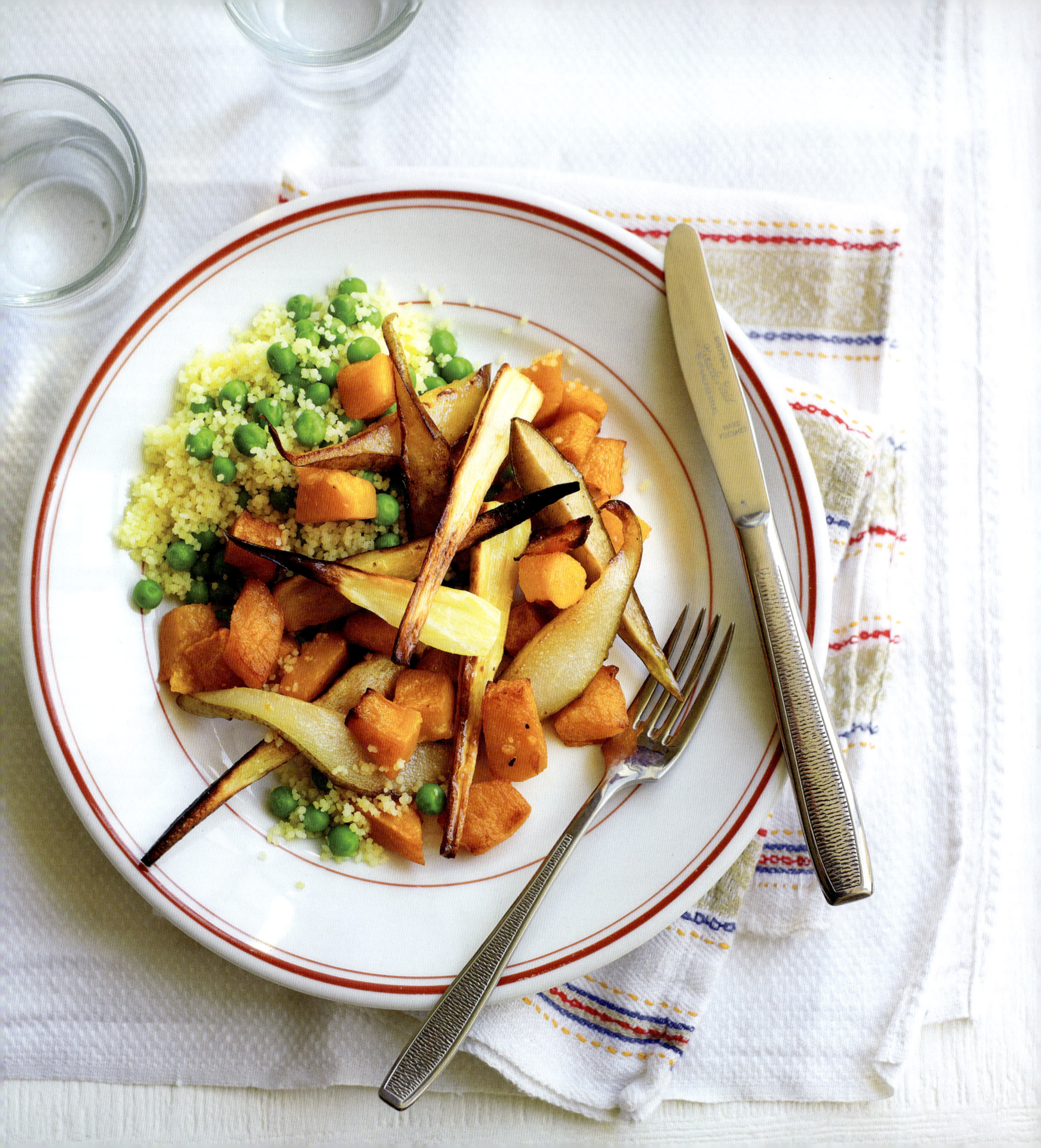

refeição em família

Qualquer vegetal pode ser usado neste prato, mas sei que as crianças adoram a doçura da abóbora-cheirosa e da pastinaca. A pera assada dá o toque final. Para garantir o colorido saudável do prato, sirva com alimentos vermelhos ou verdes, como tomate-cereja, morango, uva, pepino ou o que mais estiver disponível.

pera e legumes assados com cuscuz marroquino

2 colheres (sopa) de manteiga sem sal
2-3 colheres (sopa) de azeite extravirgem
1 abóbora-cheirosa pequena descascada e em pedaços pequenos
2 pastinacas [ou mandioquinhas] descascadas e cortadas no sentido do comprimento
2 peras sem miolo e cortadas no sentido do comprimento (descascadas, se preferir)
algumas pitadas de sal

CUSCUZ MARROQUINO
1 xícara (chá) de cuscuz marroquino (200 g)
2 xícaras (chá) de ervilha (300 g)
1 colher (sopa) de azeite extravirgem

3-4 PORÇÕES

Preaqueça o forno a 200°C.

Derreta a manteiga no micro-ondas numa tigela refratária pequena. Acrescente o azeite e reserve.

Em uma assadeira, arrume a abóbora, a pastinaca e a pera em uma única camada e pincele com a mistura de manteiga. Tempere levemente com sal. Asse em forno preaquecido por cerca de 25 minutos, até ficarem macias e dourarem. Vire-as e pincele com mais manteiga. Talvez seja necessário fazer por partes.

Prepare o cuscuz conforme as instruções da embalagem. Cozinhe a ervilha, escorra e adicione ao cuscuz. Acrescente o azeite.

Divida os pedaços de abóbora, pastinaca e pera em pratos e sirva-os com uma porção de cuscuz.

Variação No cuscuz marroquino, substitua as ervilhas por 410 g de grão-de-bico cozido e escorrido e um punhado grande de uva-passa branca hidratada em água fervente.

refeição em família

Agridoce, este prato faz muito sucesso com as crianças que já aceitam o repolho roxo! Combina com pratos à base de batata e também com salsicha vegetal. O sabor se acentua com o tempo, por isso prepare com antecedência.

repolho roxo cozido com maçã, uva-passa e castanha-portuguesa

1 cebola fatiada
2-4 colheres (sopa) de óleo vegetal
8 xícaras (chá) de repolho roxo em tiras finas (800 g)
½ colher (chá) de canela em pó
½ colher (chá) de pimenta-da-jamaica em pó
1 kg de maçã ácida descascada e picada
75 g de uva-passa
2 xícaras (chá) de castanha-portuguesa (200 g)
1 xícara (chá) de suco de maçã (250ml)
¾ de xícara (chá) de passata de tomate (200 ml)
3 colheres (sopa) de ketchup
1-2 colheres (sopa) de vinagre de maçã
uma pitada de açúcar (opcional)
sal marinho e pimenta-do-reino moída na hora

4-6 PORÇÕES

Refogue a cebola com 2 colheres de óleo em uma frigideira com tampa por cerca de 3 minutos, até ficar macia. Misture o repolho, as especiarias, a maçã e a uva-passa e mais óleo, se necessário. Mexa e deixe por mais 2-3 minutos. Junte a castanha-portuguesa e tempere.

Adicione o suco de maçã, a passata, o ketchup e 1 colher (sopa) de vinagre. Misture bem e baixe o fogo. Prove e acerte o tempero. Tampe e deixe cozinhar em fogo baixo por 30 minutos, até o repolho ficar macio. Acrescente mais suco de maçã se ficar seco e deixe por mais 15 minutos. Prove e adicione mais vinagre ou açúcar a gosto. Sirva imediatamente.

Embora leve poucos ingredientes, esta talvez seja a receita mais demorada do livro. Mas não se preocupe. É um prato muito fácil de fazer e delicioso. O importante é prepará-lo na hora e comer assim que sair da frigideira.

batata rösti com purê de maçã

500 g de batata farinhenta (como as próprias para assar)
manteiga e óleo vegetal, para fritar
uma pitada de sal marinho

PURÊ DE MAÇÃ
1-2 maçãs ácidas descascadas e cortadas em cubos
suco de maçã (opcional)
1-2 colheres (sopa) de açúcar

8-10 UNIDADES

Para fazer o purê, cozinhe a maçã em uma panela com água suficiente para cobri-la quase totalmente (ou use suco de maçã; nesse caso, adoce menos ou nem adoce). Tampe e cozinhe em fogo baixo, mexendo de vez em quando, até as maçãs ficarem macias. Prove e adicione açúcar, se necessário. Algumas maçãs se desmancham ao cozinhar e podem ser amassadas com garfo ou colher de pau. Se quiser um purê mais homogêneo, recorra ao processador. Reserve.

Prepare as batatas rösti aos poucos: duas de cada vez. Se ralar muitas batatas com antecedência, elas perderão a cor. Rale uma batata, seque-a com papel-toalha para remover o excesso de umidade e tempere-a com um pouco de sal. Derreta 1 colher (sopa) de manteiga em uma frigideira antiaderente e adicione óleo suficiente para cobrir o fundo. Quando o óleo estiver quente, adicione metade da batata ralada e, com uma colher de pau, aperte-a para formar uma panqueca. Repita o procedimento com o restante da batata. Frite-as por 3-5 minutos de cada lado, até dourarem. (O tempo dependerá do tamanho e da espessura.) Enquanto frita o último lado, comece a ralar e secar outra batata. Sirva imediatamente com o purê de maçã.

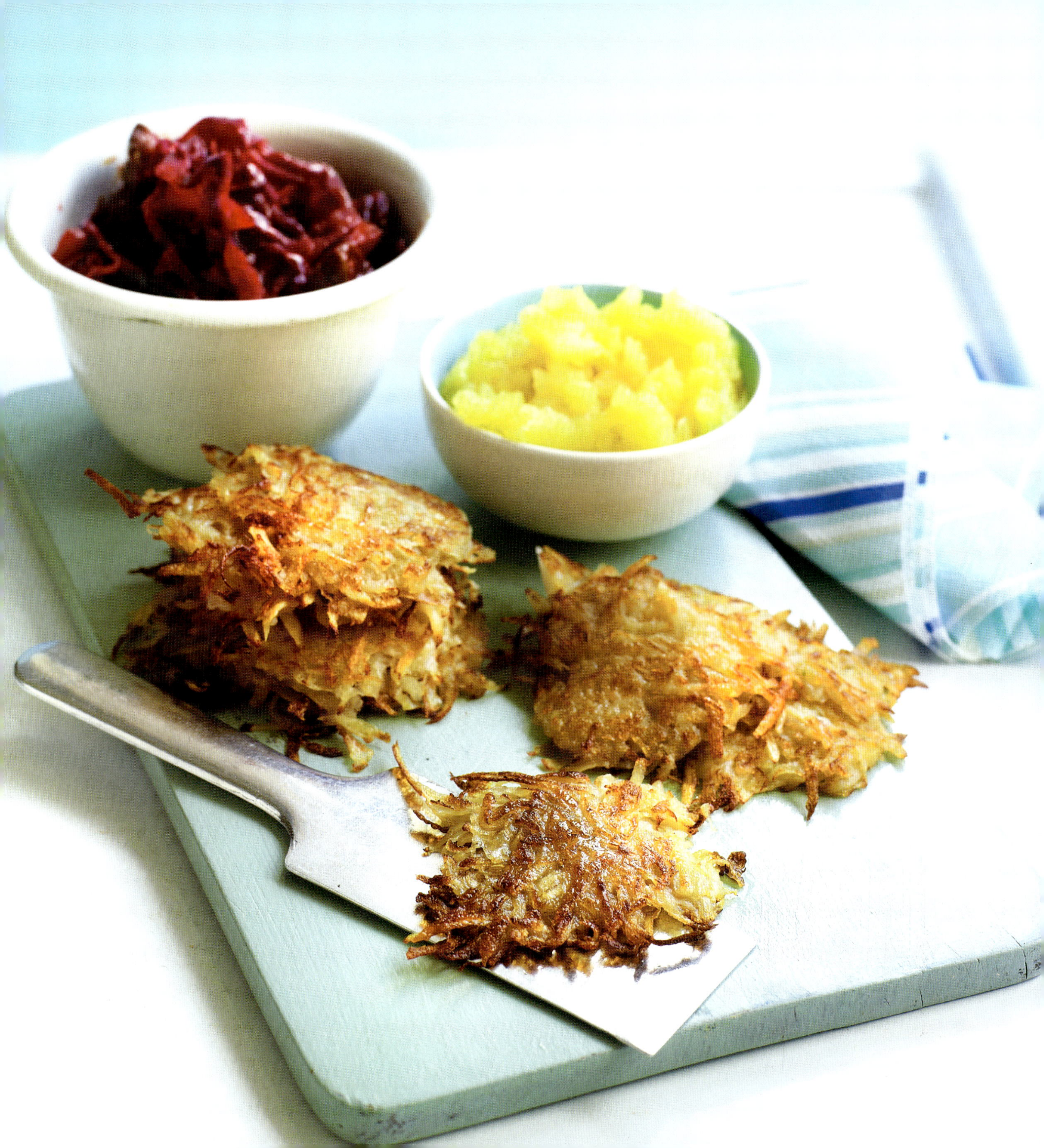

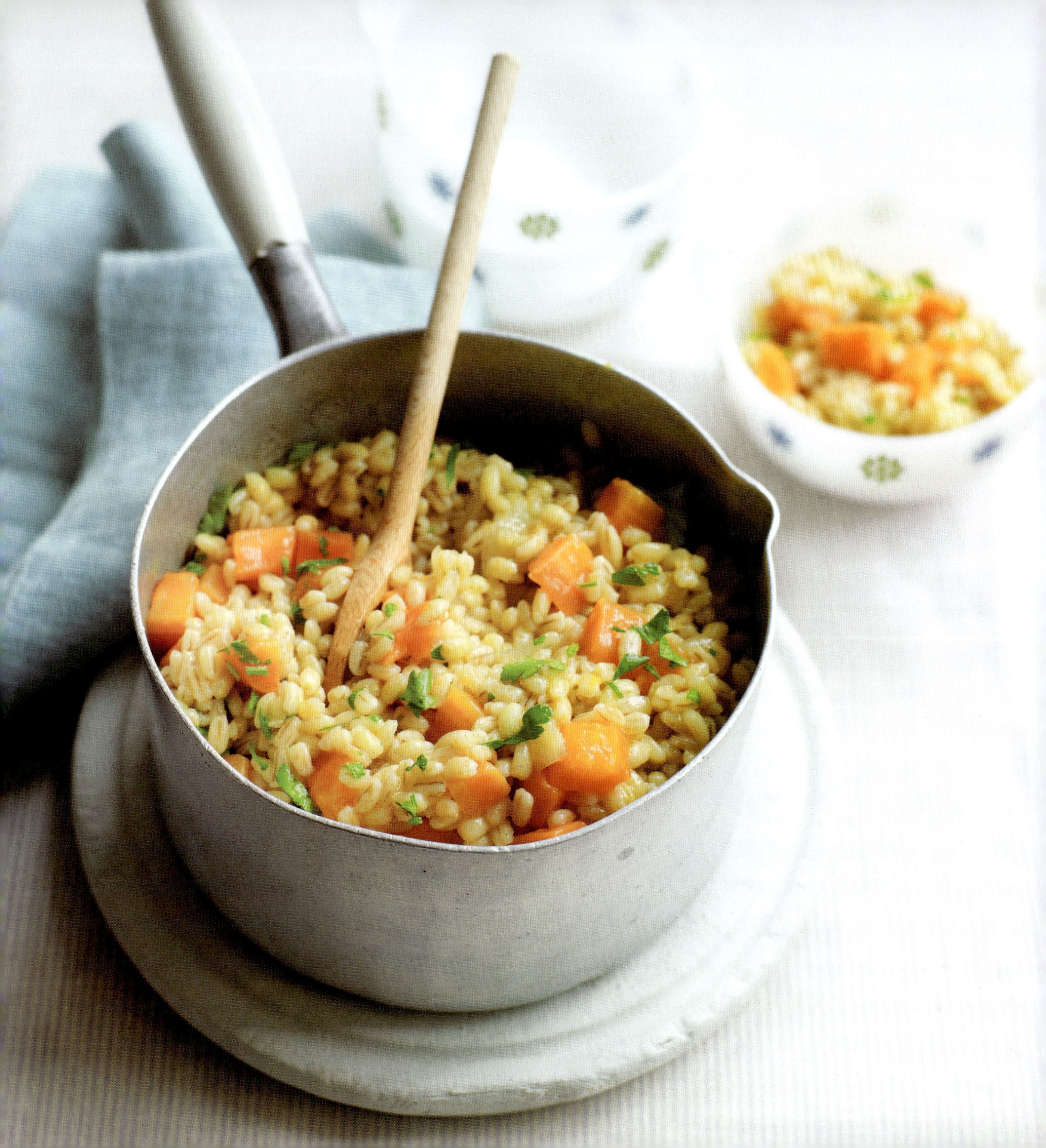

A dieta de crianças vegetarianas deve conter um equilíbrio de grãos. Cevada é excelente, e esta é uma maneira interessante de servi-la. O preparo é idêntico ao do risoto com arroz. Experimente outros vegetais além da cenoura: aipo, pimentão e cogumelo-de-paris são boas opções. Além disso, sempre é possível acrescentar ervilha. Sirva com salada de feijão.

risoto de cevada com cenoura

6 xícaras (chá) de caldo de legumes (1,5 litro)
1 cebola em cubos
2-3 cenouras em cubos
2 colheres (sopa) de azeite extravirgem ou óleo vegetal
1½ xícara (chá) de cevada (300 g)
um punhado de folhas de salsa picadas (opcional)
sal marinho e pimenta-do-reino moída na hora
parmesão ralado na hora, para servir

4-6 PORÇÕES

Coloque o caldo de legumes em uma panela, deixe levantar fervura e mantenha em fogo baixo.

Em outra panela, coloque a cebola, a cenoura e o azeite e refogue por 3-5 minutos, até ficarem macias. Adicione a cevada e refogue por 1 minuto, mexendo para envolver todos os grãos no azeite. Tempere levemente. Acrescente 2 conchas cheias do caldo de legumes e cozinhe, mexendo sempre, até que o líquido seja absorvido. Acrescente mais caldo, uma concha de cada vez, sem parar de mexer, e deixe cozinhar por cerca de 30-40 minutos, até que a cevada esteja macia e a maior parte do caldo, se não todo, tenha evaporado. Prove e acerte o tempero.

Acrescente a salsa, se desejar, e sirva imediatamente com queijo ralado na hora.

Simples e gostosa, esta versão é ótima para toda a família e pode ser guarnecida com inúmeros ingredientes – vegetais refogados, como cogumelo-de-paris ou alho-poró, couve ou espinafre cozido – e aprimorada com purês de outros legumes, como mandioquinha ou cenoura, em vez da batata.

torta de purê de batata

1 kg de batata farinhenta
2 colheres (sopa) de manteiga (30 g)
1 ovo batido
1 xícara (chá) de leite (250 ml)
1½ xícara (chá) de cheddar inglês ralado na hora (100 g)
1 xícara (chá) de ervilha (150 g)
sal marinho e pimenta-do-reino moída na hora

assadeira de 23 cm x 23 cm untada com bastante manteiga

6-8 PORÇÕES

Se as batatas forem grandes, corte-as ao meio e coloque-as em uma panela com água fria suficiente para cobri-las. (Não precisa descascá-las se forem orgânicas.) Deixe ferver, baixe o fogo e cozinhe por 20-25 minutos, até ficarem macias. Espete-as com um garfo para verificar.

Preaqueça o forno a 180°C.

Escorra as batatas e amasse-as com o amassador ou o espremedor. Coloque-as em uma tigela, acrescente a manteiga e misture. Tempere bem.

Bata o ovo com o leite numa tigela menor e adicione a mistura às batatas. Acrescente 1 xícara (chá) ou 75 g de queijo ralado na hora e a ervilha e mexa bem.

Transfira para a assadeira untada e espalhe uniformemente. Salpique o restante do queijo e asse em forno preaquecido por cerca de 35-45 minutos, até dourar. Sirva imediatamente.

refeição em família

Inspirada no arroz frito, é um uso criativo para os legumes. É saudável e de rápido preparo. Se preferir, grão-de-bico pode substituir a castanha-de-caju.

arroz ao curry com castanha-de-caju

2 colheres (sopa) de óleo vegetal
1 xícara (chá) de arroz integral (200 g)
1 cebola pequena em cubos
½ pimentão verde em cubos
2 colheres (chá) de curry em pó
1 xícara (chá) de mix de legumes, como ervilha, milho-verde, vagem etc. (175 g)
1 xícara (chá) de castanha-de-caju picada (150 g)

3-4 PORÇÕES

Aqueça o óleo em uma frigideira grande. Adicione o arroz, a cebola, o pimentão e o curry e refogue por 2-3 minutos, mexendo para envolver bem os ingredientes no óleo. Tempere e adicione os legumes e 600 ml de água. Misture rapidamente e deixe ferver. Sem mexer, baixe o fogo, tampe a frigideira e cozinhe por 30-35 minutos, até o arroz ficar macio e o líquido ser absorvido. Misture bem e sirva quente ou frio.

Uma refeição muito simples e rápida que pode ser feita com todos os ingredientes disponíveis na despensa, incluindo vegetais congelados. Se estiver usando brócolis frescos, aproveite as hastes ao máximo para fazer as crianças se acostumarem a comer mais do que somente os floretes.

curry de batata-doce

1-2 colheres (sopa) de óleo vegetal
1 cebola grande picada finamente
2-4 colheres (chá) de curry em pó
1 colher (sopa) de gengibre ralado finamente (opcional)
500 g de batata-doce descascada e cortada em cubos
400 ml de leite de coco
250 g de floretes de brócolis com hastes longas
410 g de grão-de-bico cozido e escorrido
sal marinho
arroz integral ou basmati cozido, para servir

3-4 PORÇÕES

Aqueça o óleo em uma panela grande e refogue a cebola até ficar macia. Adicione o curry e o gengibre e deixe por mais 1-2 minutos. Junte a batata-doce e misture bem, para envolvê-la no óleo. Acrescente o leite de coco e cozinhe em fogo baixo, com a panela destampada, por cerca de 15 minutos, até a batata-doce ficar macia. Prove e acerte o tempero. Se estiver usando brócolis frescos, cozinhe-os em água fervente por 3-5 minutos, até ficarem levemente macios, escorra e o adicione ao curry. Se forem congelados, acrescente 15 minutos ao tempo de cozimento e deixe em fogo baixo até ficarem tenros.

Misture o grão-de-bico com cuidado e sirva imediatamente com arroz.

Variação Substitua os brócolis por folhas inteiras de espinafre ou vários punhados de ervilha e adicione ao curry alguns minutos antes do final do cozimento.

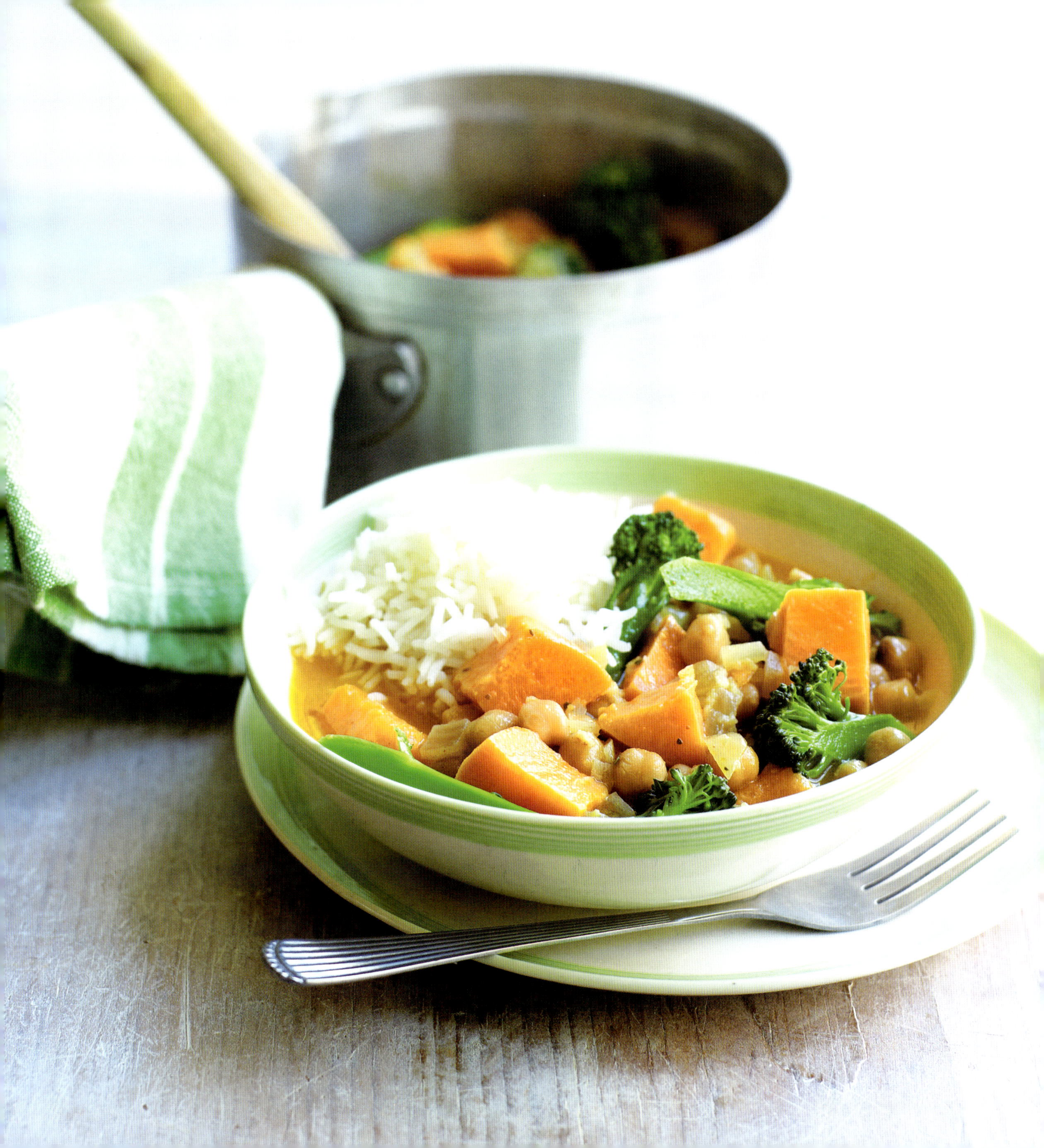

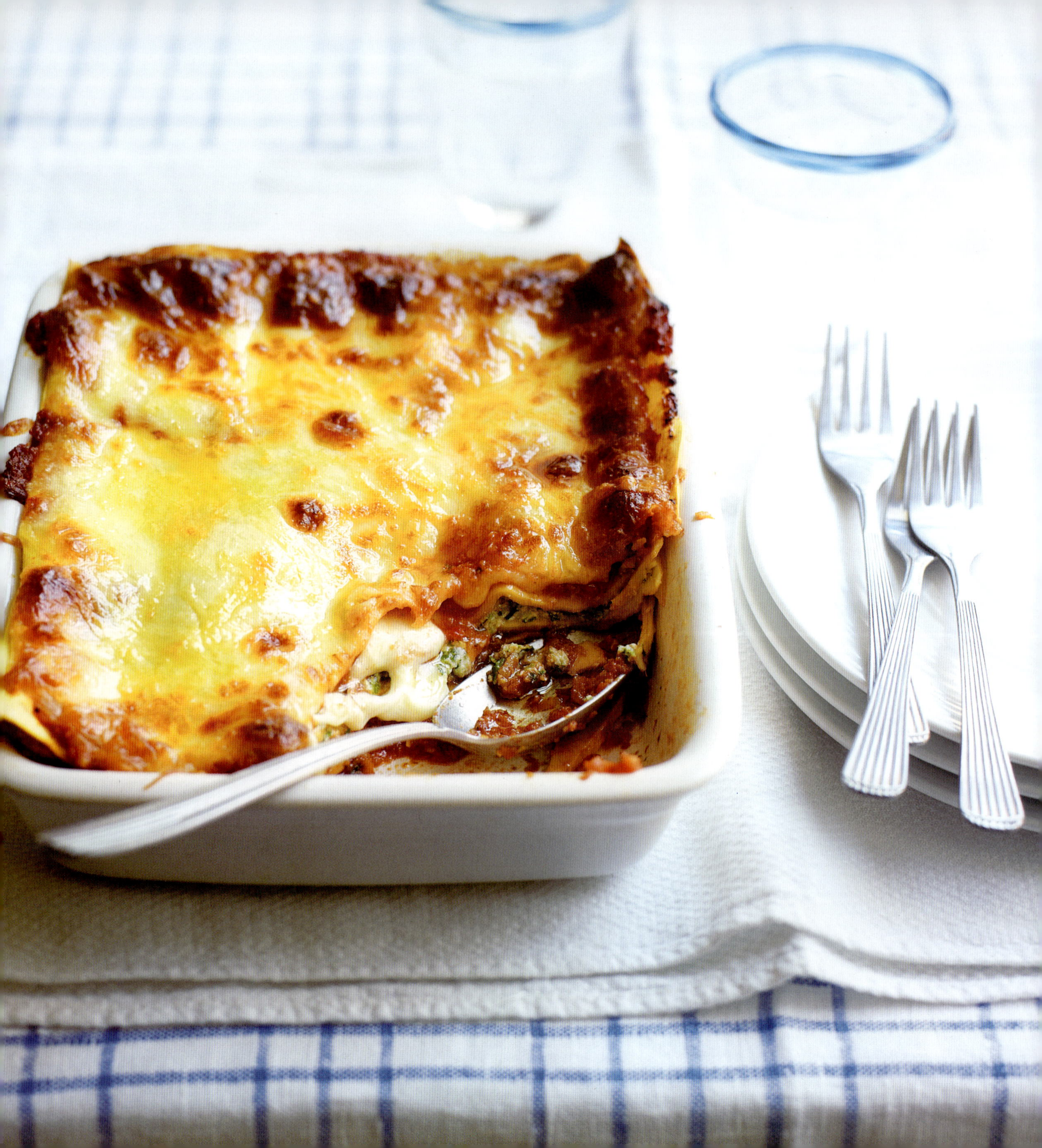

refeição em família

lasanha de três queijos

250 g de ricota
1½ xícara (chá) de espinafre picado (180 g)
1 ovo
4 colheres (sopa) de parmesão ralado na hora
1 pacote de massa fresca para lasanha (500 g)
½-1 xícara (chá) de cheddar inglês ralado na hora (80-100 g)
250 g de muçarela de búfala fatiada
sal marinho e pimenta-do-reino moída na hora

BOLONHESA DE VEGETAIS
2½ xícaras (chá) de cogumelo-de-paris picado (250 g)
1 cebola picada
1 cenoura picada
1 alho-poró pequeno lavado
2 dentes de alho
1 talo de aipo picado
2-3 colheres (sopa) de azeite extravirgem
1 colher (chá) de tomilho seco (opcional)
2¾ xícaras (chá) de passata de tomate (700 ml)
400 g de tomate pelado picado
uma pitada de açúcar
1 folha de louro seca
sal marinho e pimenta-do-reino moída na hora

6-8 PORÇÕES

Refeição generosa para toda a família desfrutar. Os vegetais passados no processador dão a esse molho uma textura agradável, além de ficarem disfarçados.

Para fazer a Bolonhesa de vegetais, passe o cogumelo-de-paris, a cebola, a cenoura, o alho-poró, o alho e o aipo no processador, até ficarem bem picados. Coloque-os em uma frigideira com o azeite e o tomilho e refogue-os em fogo médio, mexendo sempre, por 3-5 minutos, até começarem a dourar. Adicione a passata, o tomate, o açúcar e a folha de louro. Misture e cozinhe em fogo baixo, com a frigideira destampada, por pelo menos 15 minutos.

Preaqueça o forno a 200°C.

Em uma tigela, misture bem a ricota, o espinafre, o ovo, o parmesão e uma boa pitada de sal e de pimenta moída na hora.

Espalhe uma camada fina da Bolonhesa de vegetais no fundo de uma assadeira ou refratário de 20 cm x 25 cm e regue com um fio de azeite. Cubra com 2 folhas de massa de lasanha. Espalhe uma camada com menos de um terço da bolonhesa e cubra com mais 2 folhas. Espalhe metade da mistura de ricota e metade do cheddar. Cubra com 2 folhas e espalhe outro terço da bolonhesa. Cubra com mais 2 folhas, espalhe a mistura de ricota e o cheddar restantes. Cubra com as folhas da massa de lasanha que sobraram e em seguida com a bolonhesa.

Arrume as fatias de muçarela por cima e asse em forno preaquecido por 30-40 minutos, até ferver e gratinar. Sirva quente, acompanhada de salada.

refeição em família

1 colher (sopa) de óleo vegetal
1 cebola picada
1 cenoura grande picada
1 pimentão verde picado
2½ xícaras (chá) de cogumelo-de-paris picado (250 g)
½ colher (chá) de pimenta vermelha em pó
1 colher (chá) de cominho em pó
½ colher (chá) de pimenta-da-jamaica em pó
½ colher (chá) de pimenta-de-caiena em pó (opcional)
820 g de feijão-vermelho ou rajado cozido e escorrido
400 g de tomate pelado picado
1 colher (sopa) de ketchup
⅔ de xícara de azeitona preta cortada ao meio (100 g) (opcional)
1 xícara (chá) de milho-verde (250 g)
1 abóbora pequena sem sementes cortada em cunhas
azeite extravirgem, para assar
sal marinho e pimenta-do-reino moída na hora
arroz cozido, para servir

3-4 PORÇÕES

Deliciosamente doce, a abóbora assada combina muito bem com este chili suave e arroz. Se oferecer o prato para adultos ou crianças mais velhas e quiser apimentá-lo, acrescente tabasco e coentro fresco picado e sirva com sour cream e jalapeño fatiado.

chili com abóbora assada

Aqueça o óleo em uma frigideira grande e refogue a cebola, a cenoura, o pimentão e o cogumelo-de-paris por cerca de 5 minutos, até ficarem macios. Tempere levemente e adicione a pimenta vermelha, o cominho, a pimenta-da-jamaica e a pimenta-de-caiena, se desejar. Continue mexendo e deixe no fogo até dourarem.

Adicione o feijão, o tomate, o ketchup, a azeitona e o milho e deixe cozinhar em fogo baixo por cerca de 20-30 minutos, enquanto a abóbora assa.

Preaqueça o forno a 200°C.

Arrume as cunhas de abóbora em uma assadeira em uma camada única. Cubra com bastante azeite e adicione sal. Asse em forno preaquecido por cerca de 30 minutos, até ficarem macias.

Para servir, arrume em cada prato uma cunha de abóbora assada acompanhada de chili e de arroz.

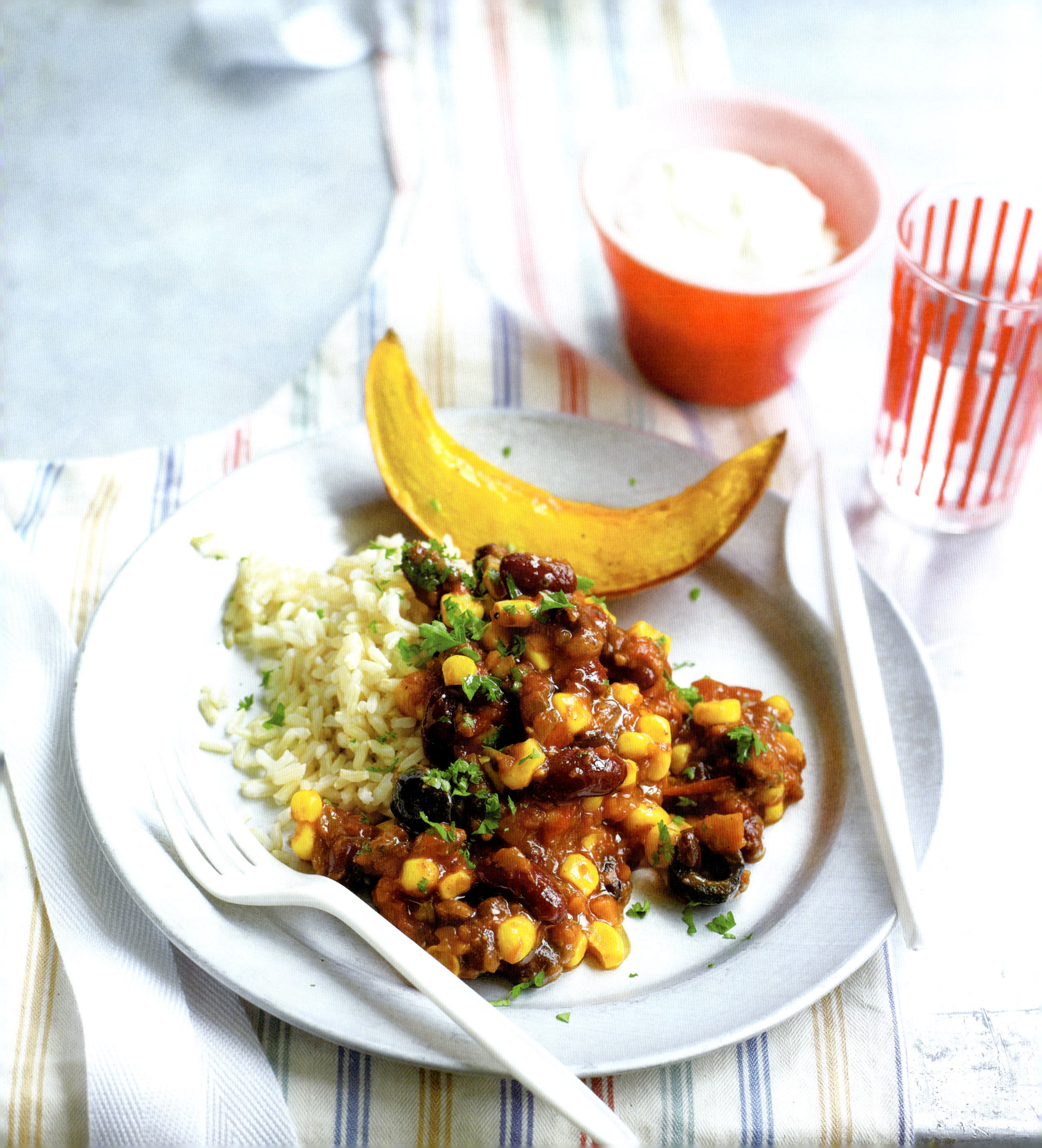

índice

abóbora assada 126
almôndega de castanhas 97
arroz ao curry com castanha-de-caju 122
aveia: granola caseira 28
  mingau de banana e amêndoa 32

barrinha de cereais multigrãos 27
barrinha de geleia e castanhas 60
batata: batata assada 72
  batata rösti com purê de maçã 118
  refogado de batata, feijão e pimentão 76
  torta de purê de batata 121
  tortilha de batata e pimentão 52
batata assada 72
batata-doce: curry de batata-doce 122
  sopa africana de amendoim e batata-doce 71
bufê de cereais 28

carne de soja 13
castanhas: almôndega de castanhas 97
  barrinha de geleia e castanhas 60
  manteiga de castanhas 36
cebola: sopa de pizza 64
  torta de cebola 109
cevada: hambúrguer de cogumelo-de-paris e cevada 86
  risoto de cevada com cenoura 121
  sopa de legumes e cevada 68
chili com abóbora assada 126
cogumelo-de-paris: hambúrguer de cogumelo-de-paris e cevada 86
  lasanha de três queijos 125
  refogado de lentilha e salsicha vegetal 72
  torrada com cogumelo-de-paris 36
coleslaw 48
crepe de trigo-sarraceno 79
crumble de abóbora-cheirosa e castanha-portuguesa 110
curry: arroz ao curry com castanha de caju 122
  curry de batata-doce 122
cuscuz marroquino 117

espetinho de tofu 90
espinafre, macaroni ao queijo com 101

feijão: feijão típico americano 89
  pasta de feijão e tofu 44
  quiche de feijão, queijo e tomate com crosta de trigo-sarraceno 106
  refogado de batata, feijão e pimentão 76
  salada de leguminosas 48
  taco de feijão e molho barbecue 89
  torta de vegetais 98
  chili com abóbora assada 126
fondue de queijo 93
fubá: minipanqueca de fubá e milho-verde 80
  pão de milho 59

geleia 24
geleia de tomate 44
granola: barrinha de cereais multigrãos 27
  granola caseira 28
grão-de-bico: bolinho de grão-de-bico 51
  curry de batata-doce 122
  homus 44
  pera e legumes assados com cuscuz marroquino 117
  salada de cuscuz marroquino 47
  salada de leguminosas 48
  wrap de abacate e grão-de-bico 40

hambúrguer de cogumelo-de-paris e cevada 86
homus 44

lasanha de três queijos 125
lentilha: refogado de lentilha e salsicha vegetal 72
  sopa de cenoura com lentilha 64

macaroni ao queijo com espinafre 101
macarrão oriental: espetinho de tofu com macarrão oriental 90
  macarrão oriental com molho de amendoim e gergelim 75
milho-verde: minipanqueca de fubá e milho-verde 80
  torta de pão com milho-verde 80
minestrone 67
mingau de banana e amêndoa 32
minipanqueca de fubá e milho-verde 80
molho de tomate básico 98
muffin de maçã e uva-passa 23

omelete perfeita 79
ovos: omelete perfeita 79
  surpresa de ovos mexidos 35
  rabanada com maçã caramelada e uva-passa 19
  tortilha de batata e pimentão 52

panqueca multigrãos 16
pão irlandês com geleia 24
pão: pão de milho 59
  pão irlandês com geleia 24
  pão recheado 94
  pizza de pão pita 55
  sanduíches supernutritivos 43
  torrada com cogumelo-de-paris 36
  torta de pão com damasco e cranberry 31
  torta de pão com milho-verde 80
  rabanada com maçã caramelada e uva-passa 19
pesto: pesto de azeitona e amêndoa 83
  pesto de brócolis e castanha-de-caju 83
  pesto de pimentão e nozes 83
pimentão: pão recheado 94
  pesto de pimentão e nozes 83
  tortilha de batata e pimentão 52
pizza: pizza de pão pita 55
  sopa de pizza 64
polenta: torta de polenta e vegetais 102
purê de maçã 118

queijo: fondue de queijo 93
  lasanha de três queijos 125
  macaroni ao queijo com espinafre 101
  quiche de feijão, queijo e tomate com crosta de trigo-sarraceno 106
  sanduíches supernutritivos 43
  scone com queijo e semente de girassol 56
  torta de pão com milho-verde 80
  torta de polenta e vegetais 102
  quiche de feijão, queijo e tomate com crosta de trigo-sarraceno 106
quorn 13

rabanada com maçã caramelada e uva-passa 19
refogado de batata, feijão e pimentão 76
refogado de lentilha e salsicha vegetal 72
repolho roxo cozido com maçã, uva-passa e castanha-portuguesa 118
risoni cremoso ao forno 113
risoto de cevada com cenoura 121

saladas: coleslaw 48
  salada de cuscuz marroquino 47
  salada de leguminosas 48
  salada de macarrão 47
salsicha: refogado de lentilha e salsicha vegetal 72
sanduíches supernutritivos 43
scone com queijo e semente de girassol 56
seitan 13
smoothie de morango e laranja 20
sopa africana de amendoim e batata-doce 71
sopa de abobrinha 71
sopa de cenoura com lentilha 64
sopa de legumes e cevada 68
sopa de pizza 64
sopas 64-71

taco de feijão e molho barbecue 89
tofu 13
  espetinho de tofu 90
  gratinado de vegetais com tofu 114
  pão recheado 94
  pasta de feijão e tofu 44
  sopa de abobrinha 71
  tofu agridoce 114
tortas: torta de cebola 109
  torta de pão com damasco e cranberry 31
  torta de pão com milho-verde 80
  torta de polenta e vegetais 102
  torta de purê de batata 121
  torta de vegetais 98

vegetais: bolonhesa de vegetais 125
  chili com abóbora assada 126
  gratinado de vegetais com tofu 114
  minestrone 67
  pera e legumes assados com cuscuz marroquino 117
  sopa de legumes e cevada 68
  torta de polenta e vegetais 102
  torta de vegetais 98

wrap de abacate e grão-de-bico 40

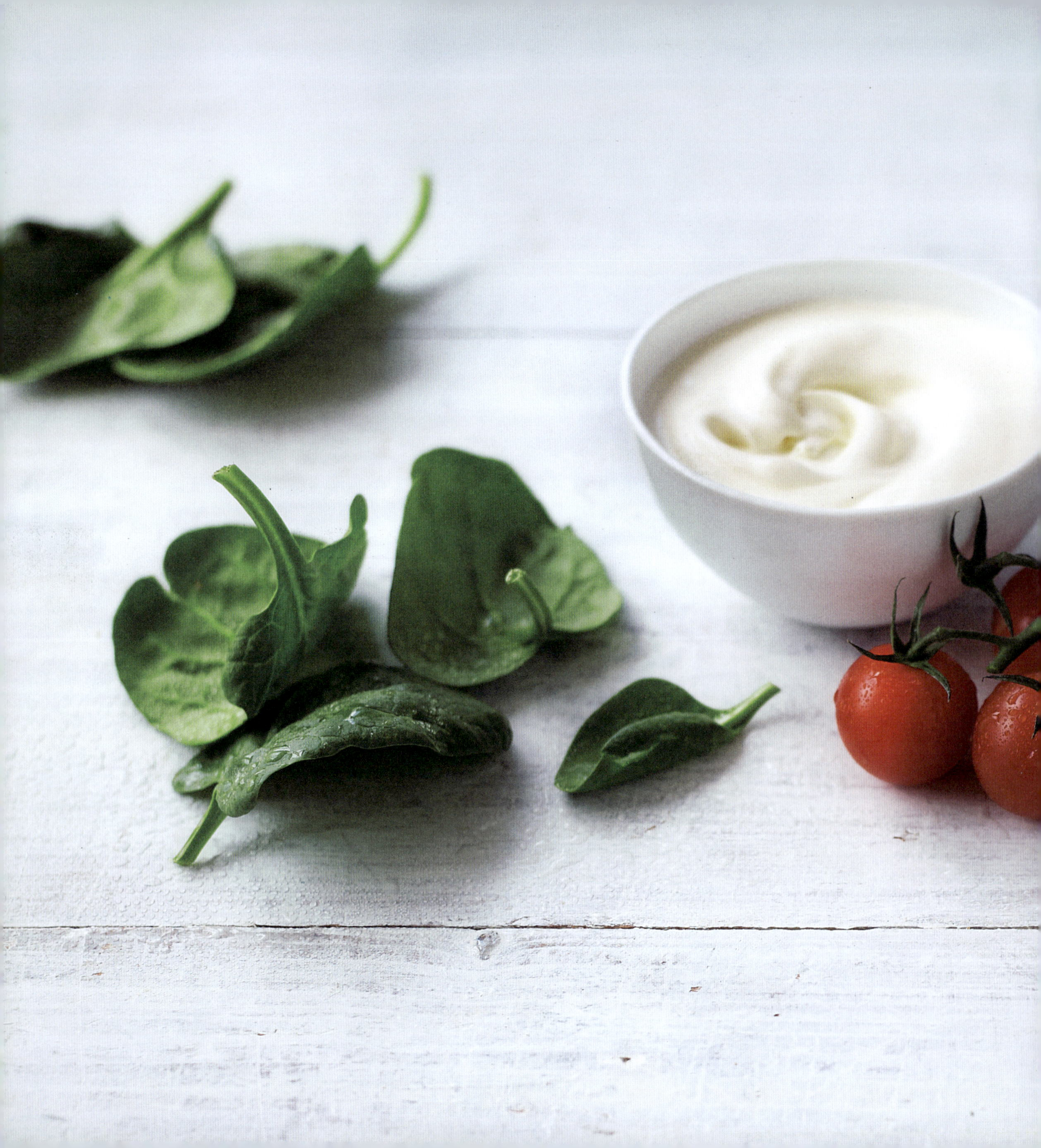